Kreta im Herzen

Geschichten, Rezepte und Bilder

Kreta im Herzen

Geschichten, Rezepte und Bilder

Texte: Niko Papadakis
Rezepte: Eleni Tsangaraki
Fotos und Gesamtgestaltung: Helga Papadakis

Unser besonderer Dank gilt
Mike Naletakis aus Heraklion
für seine wunderschönen alten Aufnahmen

VORWORT

Das erste Buch, das wir als Kombination Kurzgeschichten / Rezepte / Bilder gemacht haben, heißt „Kreta mit allen Sinnen". Ok, wir haben das ausgesprochen, was wir fühlten, obwohl es wissenschaftlich gesehen nicht korrekt ist, denn man unterscheidet sechs Sinne: Sehen, Hören, Gleichgewicht, Fühlen, Schmecken und Riechen.
Jetzt ist unser zweites Buch fertig und es wäre ein Einfaches, es „Kreta mit allen Sinnen 2" zu nennen. Wir entschieden uns jedoch zu dem Titel „Kreta im Herzen", da uns diese Insel und vor allem die Menschen immer näher kommen. Momentan findet eine enorme Veränderung statt, auch bei den Menschen vor Ort. Trotzdem versuchen sie, die Grundprinzipien der Gastfreundschaft aufrecht zu erhalten, auch wenn es an allen Ecken und Enden fehlt.
Das vorliegende Buch enthält neue Geschichten, alte Fotos, die uns Mike Naletakis zur Verfügung gestellt hat, neue Bildern sowie Rezeptvariationen der kretischen Küche.Diese haben wir mit der Köchin Eleni Tsangaraki im Sommer / Herbst 2016 ausprobiert.
Der Erlös fließt wie beim ersten Buch auch ausschließlich dem gemeinnützigen Verein Kretahilfe e.V. zu.

© 2016 Niko Papadakis
Herstellung und Verlag: B o D - Books on Demand, Norderstedt.
ISBN 9783741297182
Bibliografische Information der Deutschen Nationalbibliothek
Die Deutsche Nationalbibliothek verzeichnet diese Publikation in der Deutschen Nationalbibliografie; detaillierte bibliografische Daten sind im Internet über http://dnb.d-nb.de abrufbar.

Inhaltsverzeichnis

Kurzgeschichten:

7	Panos und die Arbeitsunfähigkeitsrente
9	Kostas und die Sommerzeit.
16	Der Bäcker aus Gouves
17	Die Geschichte vom Mann auf der Insel
18	Pope Dimitris
21	Fest des Hl. Georg in Fournofarango
25	Kaliopi in Mannheim
28	Liebes-Wahn
30	Heraklion – Chania 1
35	Heraklion – Chania 2
39	Es war einmal eine Hochzeit
41	Über Diäten und Kostas Rente
45	Der Wilde in den Bergen
49	Von den Kleinanzeigen
51	Für wen ich schreibe
55	Rechts, links, rechts, links
62	Neuwahlen
64	Im Schuhgeschäft
67	Mit dem Billigflieger
72	Die Outtakes
80	Unterschriftensammlung
83	Gedanken am Löwenbrunnen
87	Manolis aus Ierapetra
91	Arbeiterwohnungen in Heraklion
93	Streifzug durch Heraklion
97	Wartezeit
98	Konzertsommer 2016
102	Arschlochsohn zum x-ten
105	Evangelia aus Mochos
107	Tante Filareti und das Antibiotikum
111	Matala ohne Nonnen
116	Niederländisch auf dem Balkon

Rezepte:

11	Auberginensalat
15	Zucciniblüten gefüllt
20	Zucchinikroketten
27	Kaltsounia mit Spinat
32	Kaltsounia mit Zwiebeln
32	Linsensuppe
37	Tagliatelle mit Meeresfrüchte
38	Oktopus Stifado
45	Anchovis im Ofen
48	Kounelistifado
57	Gemista
60	Kolokithopita
61	Melitsanes sto tsikali
66	Juverlakia
70	Kotopoulo me Patates sto fourno
77	Hackfleischbällchen mit Kartoffeln
80	Flogeres
86	Gigantes
90	Stifado
96	Kokkinisto
105	Lamm mit grünen Bohnen
113	Chirino me prasa
114	Psari sto fourno me Bamies
115	Halva
117	Bougatsa
118	Loukoumades

Panos und die Arbeitsunfähigkeitsrente

Panos ist 58 Jahre jung, lebt in Heraklion und kommt aus dem wunderschönen Dorf Fodele. Jeder, der schon einmal die Hauptstraße von Heraklion nach Rethymno gefahren ist, kann sich bestimmt an die unzähligen Stände voller Orangen erinnern, die dort zum Verkauf in Tüten oder Beuteln bereitstehen.
Fodele hat knapp 450 Einwohner und jedem, der dort vorbeifährt, möchte ich die Besichtigung der kleinen byzantinischen Kuppelkirche aus dem 11. Jahrhundert nahe legen.
Fodele soll auch der Geburtsort von Domenicos Theotokopoulos sein, der unter seinem Künstlernamen „El Greco" bekannter ist.
Dieser ging wie, wie wir wissen, auf der Suche nach dem Glück zuerst nach Italien, dann an den spanischen Hof, unser Freund Panos jedoch lediglich zwanzig Kilometer östlich nach Heraklion. Dort heiratete er, zog zwei Töchter groß und arbeitete sehr viele Jahre als Vertreter eines namhaften Molkereibetriebs aus den Niederlanden. Daneben betrieb er noch eine typisch kretische Kneipe, die in und um Heraklion sehr großen Anklang gefunden hatte.
Alles lief perfekt und Panos wäre kein Grieche, wenn er nicht das Wort „Leben" vor die Wörter „Sicherheit und Sparen" gesetzt hätte. Vor circa acht Jahren musste sein Kompagnon im Rakadiko aus gesundheitlichen Gründen den Job niederlegen. So verpachteten Panos und dieser Partner das Lokal. In der Zwischenzeit hat es drei Mal den Besitzer gewechselt, und da die Verträge so verfasst wurden, wie sie eben verfasst worden sind, entstanden Schulden, die sich auf weit über zwanzigtausend Euro angehäuft haben. Die Pächter zahlten weder Strom noch Steuern oder Abgaben und somit haftet der Besitzer des Anwesens hierfür.
Panos selbst, seine Ehefrau und seine zwei Töchter, ebenfalls arbeitslos, mussten schauen, wie sie sich

über Wasser halten. Panos, der Lebenskünstler und begnadete Koch, heuerte in den Sommermonaten in mittelgroßen Hotels an und verdiente so von Mai bis Oktober den Lebensunterhalt für die Familie. In den Wintermonaten erntete er in Fodele seine Olivenbäume ab und somit hatte die Familie das Jahr über Öl und Oliven für den eigenen Gebrauch. Wie jedoch das Leben seine eigenen Geschichten schreibt, bekam Panos eine Nierenkolik, und bei der Operation Anfang Januar entnahm man ihm ein Stück der Niere und sandte es zum Begutachten nach Frankreich. Bei der darauf folgenden Untersuchung sagte der Arzt zu Pano, dass die Probe Krebszellen aufweist und man müsste, inzwischen war es Anfang April, die Niere sofort entfernen.

Panos suchte einen weiteren Arzt auf, der ihn ermahnte, die Operation umgehend anzugehen. „Aber ich fange Mitte April mit der Arbeit in einem Hotel an", sagte Panos. Der Arzt erwiderte: „Willst Du leben oder arbeiten? Wenn Du Dich nicht operieren lässt, wirst Du sterben". „Wenn ich nicht arbeite, werde ich auch sterben", sagte Panos. „Wie soll ich meine Familie ernähren?"

Ein Bekannter schlug vor, Panos solle sich bei der IKA melden und eine Erwerbsminderungsrente beantragen. Das tat Panos auch, doch die Bearbeitung der Unterlagen würde 18 Monate in Anspruch nehmen.

Um die Arztkosten bezahlen zu können, hat Panos inzwischen seine Olivenbäume verkauft. Da seine älteste Tochter bei einer Autovermietung Arbeit gefunden hat, bringt sie jetzt 500 Euro im Monat heim und von diesen 500 Euro müssen Steuern und Abgaben und die Mäuler von 4 Erwachsenen gestopft werden.

Als ich dieser Tage mit Kosta telefonierte und er über unseren Freund Pano berichtete, meinte er, dass wir, wenn wir in zwei Wochen zum Osterfest kommen, es Pano nicht anmerken lassen sollen,

dass wir dies alles wissen, und dass Panos uns zum Osterlammessen einladen möchte. Wir werden Pano besuchen, das weiß ich, das Osterlamm hat jedoch Kostas schon auf unsere Rechnung bestellt. Panos darf gerne einige Male den Spieß drehen.
Menschen wie Panos gibt es viele auf Kreta und die Tatsache, dass es in Heraklion inzwischen über einhundert Wände der Barmherzigkeit gibt zeigt, dass die Krise auf Kreta überall zu finden ist, die Menschlichkeit jedoch alles überstrahlt.
Wie sagt Kostas so treffend: Gott, wir haben doch nur ein Leben. Danke, dass ich es als Grieche leben darf.

Kostas und die Sommerzeit

Seit einigen Tagen ist sie wieder da, die so heißgeliebte bzw. so sehr verhasste Sommerzeit. Diskussionen über ein „Für" oder „Gegen" gab es schon immer und siehe da, wenige Tage nach der Wiedereinführung rief mich Kostas an und beklagte sich, wie schlecht er doch in den letzten Tagen geschlafen hatte. Vielleicht kurz zum Lebensrhythmus von Kosta. Wir konzentrieren uns auf die normale Uhrzeit, die wie wir wissen auch Winterzeit genannt wird. Kostas steht morgens um 6:30 Uhr auf. Mittags legt er sich obligatorisch von 14:30 Uhr bis 17:30 Uhr hin und schlummert und nachts ist er meistens um 1:30 Uhr in der Falle. Jetzt kommt die Sommerzeit und somit sein ganzer Biorhythmus durcheinander. „Sag mal", fragte er mich, „welche Dumpfbacke hat sich diese idiotische Sommerzeit ausgedacht?"
Dieses konnte ich ihm leider spontan nicht beantworten, weil es inzwischen zum Standard in unserem Leben geworden ist und man oft auf die

einfachsten Fragen keine Antwort hat. Also versuchte ich, mich schlau zu machen und erfuhr, dass Benjamin Franklin sich schon 1784 seine Gedanken gemacht hatte, wie man Kerzen sparen könnte. 123 Jahre später, wir schrieben das Jahr 1908, bemerkte der Engländer William Willett bei einem Ausritt am Morgen, dass bei sehr vielen Häusern die Rollläden geschlossen waren. Er errechnete, dass wenn man die Uhren im Sommer um 80 min vorstellt, bis zu 2,5 Millionen Pfund eingespart werden könnten und gewann sogar Winston Churchill für diese Idee. Das Britische Unterhaus lehnte den Vorschlag ab, um ihn doch acht Jahre später zu genehmigen. Zuvor, und zwar am 01. Mai 1916, stellten Deutschland und Österreich die Uhren vor. Aber die Elektrizität war damals noch nicht so entwickelt und man stellte den Versuch Ende des Ersten Weltkriegs wieder ein. Erst Ende 1996 gab es dann eine Einheitlichkeit in Europa.
Trotzdem sind sich die meisten Wissenschaftler einig, dass die Sommerzeit nicht effektiv ist. Erschöpfungssyndrom, Schlafstörungen, Angstzustände, Kopfschmerzen oder ähnliche Erkrankungen zeigen sich, alles Symptome, die mit der verschobenen inneren Uhr zusammenhängen, wie immer wieder betont wird.
Laut statistischem Bundesamt erhöht sich die Anzahl der Verkehrsunfälle um 4,5% im Vergleich zum Vormonat ohne Sommerzeit. Erschreckend ist die Zahl von 41% mehr tödlich Verunglückten.
„Warum sind die Japaner schlauer als wir?" fragte mich Kostas. Da ich schulterzuckend still blieb fuhr er fort: „ Zur Erhaltung des Bruttosozialproduktes aufgrund eines stabilen Grundrhythmus seiner Bevölkerung verzichtet Japan auf die Zeitumstellung, und die Menschen erfreuen sich ihrer Gesundheit und Leistungsfähigkeit".
Alle Lebewesen verfügen über so genannte innere Uhren, die die Körperfunktionen rhythmisch steuern.

Es gibt Studien zufolge in Deutschland 2,3 Millionen Menschen, die von Schmerz-, Schlaf- oder Beruhigungsmitteln abhängig sind. Weitere 5,6 Millionen Menschen sind demnach tabakabhängig. Durch den regelmäßigen Alkohol-, Nikotin- und Tablettenkonsum versuchen die Betroffenen, innerlich die Ruhe wiederzuerlangen, die ihnen durch den ständigen „sozialen Jetlag" in der Umgebung verloren gegangen ist. (Quelle: Hubertus Hilgers, Petition-Kilometerstein.31.07.2014)
Kostas hat nun beschlossen, die Sommerzeit bei sich zuhause abzuschaffen und bittet mich, dieses so vielen Leuten wie möglich auch nahezulegen. In einer Petition, die er dem griechischen Gesundheitsministerium sandte, bat er die Regierungspartei, sich vom Diktat der EU zu befreien, um wenigstens im kleinen Nenner einen Erfolg zu erzielen, in dem Griechenland als Vorreiter für die Abschaffung der Sommerzeit ist.
Er schloss sein Schreiben ab mit den Worten: „Lieber Gott, wir haben nur ein Leben, danke dass ich es als Grieche leben darf."

Rezept: Melitsanosalata
Auberginensalat

Zutaten:
3-4 Auberginen
1 Mittelgroße Zwiebel
1 Knoblauchzehe
4 Esslöffel Öl
2 Esslöffel Essig
Salz zum abschmecken

Zubereitung:
Die Auberginen einstechen und bei 200 Grad ca. 20 Minuten im Backofen backen.

Abkühlen lassen und mit einer Gabel zerkleinern bis eine einheitliche Masse entsteht. Essig oder Wahlweise Zitronensaft und einer zerhackte Zwiebel und die gepresste Knoblauchzehe wie das Öl zufügen.
Alle Zutaten mit Salz abschmecken und im, Kühlschrank abkühlen lassen.

Der Hafen von Heraklion - gestern....

… und heute

Das Chania-Tor in Heraklion 1975 und 1960

Rezept: Zucchiniblüten gefüllt

Zutaten:
Ausbackteig:
1 Glas Wasser
1 Ei
Salz
1 ½ Glas Bier

30 Zucchiniblüten
1 gehackte Zwiebel
1 geriebener Zucchino
½ Tasse gekochten fein geschnittenen Schinken
300 Gramm Käse nach Geschmack.
(wir hatten Kefalotiri und Anthotiro, geht auch mit Feta)
1 Tasse rote und grüne Paprika in Würfel geschnitten
4 Esslöffel Öl
Petersilie, Salz und Pfeffer zum Abschmecken

Zubereitung:
Mehl, Ei und Salz vermengen, Bier dazu geben und in einer Schüssel vermengen. Ca. 60 Minuten ruhen lassen.
In einer Pfanne kleingehackte Zwiebeln anschwitzen lassen. Die geriebene Zucchini und die Paprikawürfel hineingeben und garen. Abschmecken mit Salz, Pfeffer. Petersilie und Schinken dazugeben. Wenn die Feuchtigkeit aufgesogen ist, vom Herd nehmen und abkühlen lassen. Danach den Käse unterheben. Die Zucchiniblüten die vorher gründlich gereinigt wurden mit der Mischung füllen, durch den Teig ziehen und in reichlich Öl ausbacken.

Der Bäcker aus Gouves, der in Idomeni lebt.

Kostas, mein Cousin aus Heraklion, rief mich an. Nichts Neues, wir telefonieren mehrmals in der Woche. Dieses Mal waren es jedoch nicht Themen, die in Kreta angesiedelt sind sondern solche vom gegenüberliegenden Ende Griechenlands. Er hatte gerade einen Bericht im Fernsehen gesehen und wollte mir darüber berichten.
Kostas erzählte die Geschichte von dem Bäcker, dessen Vorfahren Anfang der zwanziger Jahre nach Nordgriechenland ausgewandert sind, und zwar in das Dorf, das seit einem guten halben Jahr durch Funk und Fernsehen wegen der Berichterstattung über die Flüchtlingskrise fast täglich erwähnt wird. Idomeni ist eine der drei Teil- Gemeinden von Peonia mit insgesamt 309 Einwohnern. Mittlerweile halten sich in Griechenland seit der Grenzschließung des Nachbarstaates Mazedonien etwas mehr als 50.000 Flüchtlinge und Migranten auf.
Die deutsche Kanzlerin sprach Griechenland Unterstützung zu, während Österreichs Verteidigungsminister Mazedonien Hilfe bei der Grenzsicherung anbot. Große Worte, große Taten auf Kosten von Hilfsbedürftigen, auf Kosten der Menschlichkeit.
Und jetzt sind weit mehr als zehntausend Menschen in Idomeni und vegetieren vor sich hin. Man kann alles kritisch betrachten. Man kann alles ablehnen oder befürworten, man kann seine Meinung äußern und es muss nicht nur ein Abnicken für ein „Ja" oder ein „Nein" sein. Aber man kann doch nicht wortlos zusehen, wie Kinder statt einer Kante Brot Schlamm und Morast essen.
Und die Menschen von Idomeni, die selbst nur das Nötigste zum Überleben haben, die, die den täglichen Kampf zum Überleben jeden Morgen neu aufnehmen müssen, diese Menschen helfen den Flüchtlingen und Migranten mit allem, was sie

haben. Bettlaken werden zu Kleidungstücken. Und die Bäckerei ist vierundzwanzig Stunden lang im Betrieb. „Solange ich Mehl habe, solange werde ich auch Brote backen und an die Kinder verteilen", sagt der Bäcker des Dorfes.

Wenn es einen Nobelpreis für Menschlichkeit gibt, dann gebührt er den einfachen Menschen Griechenlands, die selber in den letzten Jahren massiv gebeutelt wurden und jetzt das Wenige, was sie haben, mit noch Bedürftigeren teilen.

Gouves

Die Geschichte vom Mann auf der Insel

Vor einigen Jahren hatte ich mal die Freude, ein Programm des Schweizer Kabarettisten und Schriftstellers Franz Hohler zu sehen. Seine Geschichte vom Mann auf der Insel fiel mir ein:

Eines Tages bemerkte der Mann, dass die Insel unter ihm zitterte.
„Sollte ich vielleicht etwas tun?" dachte er. Aber als die Insel zu zittern aufhörte, beschloss er, erst einmal abzuwarten.
Wenig später brach ein Stück der Küste ab und fiel tosend ins Meer. Der Mann war beunruhigt.
„Sollte ich vielleicht etwas tun?" dachte er. Da er aber auch gut ohne das Stück leben konnte, beschloss er, weiter abzuwarten.
Kurz danach fiel ein zweites Stück seiner Insel ins Meer. Der Mann erschrak nun heftiger.
„Sollte ich vielleicht etwas tun?" dachte er. Doch als nichts weiter passierte, beschloss er, abzuwarten.
„Bis jetzt" sagte er sich, „ist ja alles gut gegangen."
Es dauerte nicht lange, da versank die ganze Insel im Meer und mit ihr der Mann, der sie bewohnt hatte.
„Vielleicht hätte ich doch etwas tun sollen" war sein letzter Gedanke, bevor er ertrank.

Kostas sagte, dass der Mann auf dieser Insel bestimmt kein Grieche wäre und das Beispiel des Bäckers aus Idomeni bezeugt das. Obligatorisch sagte er zum Schluss des Gesprächs: „Lieber Gott, wir haben nur ein Leben. Danke, dass ich es als Grieche leben darf."

Pope Dimitris und das heilige Feuer

Wir wissen, dass sich vor Ostern in der Grabeskirche in Jerusalem eine Kerze in der Hand des orthodoxen Patriarchen von selbst entzündet. Diese Flamme wird nun von dem Priester nach Verlassen des Grabes an die Gläubigen weitergereicht und überall, wo das orthodoxe Osterfest gefeiert wird, findet es sich in den Kirchen wieder.

Wir springen von Jerusalem nach Kreta, wo wir wie jedes Jahr das Osterfest im Kreis der Familie feiern. Dieses Jahr folgten wir unserer Cousine zu einer kleinen Kapelle unweit von Heraklion. Der dortige Pope Dimitris ist ein alter Schulfreund von Cousin Georg. So wie Georg ist er dem kretischen Raki nicht abgeneigt. Gegen 11:00 Uhr abends erreichten wir die Kapelle, die schon sehr gut besucht war. Die Sitzplätze waren alle besetzt und da meine Frau optisch nicht unbedingt kretisch ausschaut, stand ein altes Großmütterchen auf und bot ihr den Sitzplatz an. Meine Frau lehnte dankend ab und ging dann mit mir nach draußen, um der Enge zu entkommen. Die Gastfreundschaft geht hier auf dem Dorf soweit, dass eine alte Frau für eine offensichtlich Fremde aufsteht. Da der Pope ein Mikrofon um den Hals trug und am Vorplatz der Kirche Lautsprecher aufgestellt waren, konnten wir der Liturgie folgen, ohne ihn jedoch besonders gut zu verstehen. Erstens nuschelte er und zweitens war sicherlich der Raki am Nachmittag besonders lecker. Irgendwann hörte man: „Jiannis mach Dich an die Glocken ran, los Du fauler Kerl", und der Messdiener ging nach draußen, um im Glockenturm die entsprechenden Glocken bimmeln zu lassen.

In den orthodoxen Kirchen wird in der Osternacht zuerst gebetet, und dann, genau um Mitternacht, werden in der Kirche alle Lichter gelöscht, das „Heilige Feuer" wird an die Gläubigen verteilt und die Glocken läuten, während das Troparion gesungen wird.

Vor der Kirche war eine kleine Kanzel und wir warteten gespannt darauf, dass sich der Pope nach draußen begab, um mit allen Anwesenden das Xristos Anesti (Christus ist auferstanden) zu singen. Während der Stille erklang die Stimme des Priesters: „Wie spät haben wir es?" Einer sagte „zehn vor zwölf" und die Augen des Popen verdrehten sich: „Ja

da waren wir wohl etwas zu schnell, aber macht nichts, lasst mich allen danken, die dieses Fest ermöglichen. Zunächst danke ich dem Doktor Kyrisis, dass er als Psaltis eingesprungen ist, Ihr wisst, dass Dionissios, der hier unser Psaltis ist, heute zum vierten Mal Vater wurde." Er schaute um sich und fragte den Doktor, der immer kleiner wurde, da der Pope deutlich erkennbar nuschelte: „Wie spät ist es jetzt?" Dieser erwiderte : „Fünf vor zwölf." Da ergriff der Pope wieder das Wort: „Also lasst uns nicht länger warten, wir wollen schließlich alle schnell nach Hause, das Mitternachtsessen zu uns nehmen. Was denkt Ihr?" fragte er in die Runde. Inzwischen war es vier vor zwölf. Alle schauten sich verdutzt an und Pope Dimitris legte los wie jemand, der den Startschuss zu einem Hundertmeterlauf abgibt: „Also alle gemeinsam….drei…zwei…eins….
Xristos anesti ek nekron,
thanato thanaton patisas,
ke tis en tis mnimasin zoin xarisamenos"
Die Gläubigen sangen, der Pope grinste vor sich hin. Man küsste sich und bestätigte sich gegenseitig, dass Christus auferstanden sei, dieses Jahr und in dieser kleinen Kapelle etwas früher als sonst.
Kostas, dem wir später in einer Laterne ein Teelicht mit dem heiligen Feuer brachten, meinte: Lieber Gott, wir haben doch nur ein Leben, danke dass ich es als Grieche leben darf.

Rezept: Kolokithokeftedes (Zucchinikroketten)

Zutaten:
1 Kilo Zucchini, 2 Zwiebel ½ Tasse Minze,
½ Tasse Petersilie, Salz, Pfeffer.
½ Tasse geriebenen Kefalotiri, 4 Eier, geriebenen Zwieback oder Semmelbrösel
Öl zum Ausbacken

Zubereitung:
Zucchini reiben und salzen und ca. 30 Minuten ruhen lassen und gut ausdrücken.
In einer Schüssel die Zucchiniraspeln mit den feingehackten Zwiebeln, Petersilie und Minze, dem Käse und 2 Eiern zu einer Masse verrühren.
Aus der Masse Bällchen formen. 2 Eier verquirlen und die Bällchen durch die Eiermasse ziehen, in den Zwiebackbröseln wälzen und eine Stunde im Kühlschrank ruhen lassen. Bei mittlerer Hitze von beiden Seiten ausbacken und abtropfen lassen.

Fest des heiligen Georg in Fournofarango

Gute 75 Fahrminuten von Heraklion entfernt liegt südlich das kleine Dorf Fournofarango. Auf der Fahrt dorthin erzählte uns Cousine Eleni die Geschichte ihres Vaters. Als er ein kleines Kind war, war er sehr krank und man sprach davon, sein rechtes Bein zu amputieren. Seine Eltern wollten einen letzten Versuch zur Heilung machen und gingen mit dem kleinen Georg, wir schreiben das Jahr 1931, zur Kapelle Agios Georgios nach Fournofarango. In dieser Bergkapelle fließt, besser gesagt tröpfelt eine kleine Quelle, über die man sich so einige Wunderheilungen erzählte. Während des Gottesdienstes hielt der Vater den Jungen und die Mutter benetzte das Bein mit dem Quellwasser. Der Gottesdienst war noch nicht zu Ende, da sagte der kleine Georg, dass er keine Schmerzen mehr hätte. Später bestätigte der Arzt, dass wie durch ein Wunder das Bein wieder komplett geheilt wurde. 85 Jahre später waren wir jetzt dort und zunächst wunderten wir uns, dass um die Kirche herum junge

Ziegen und Schafe angebunden waren. Wir fragten Eleni und sie sagte uns, dass Gläubige die Tiere spenden, wenn ihre Gebete erhört wurden, so eine Art Opfertier der Neuzeit. Die Kirche würde später die Tiere verlosen und der Erlös wäre für karitative Zwecke bestimmt.

Wir fanden den Weg zur Kapelle sofort, obwohl Eleni nach 42 Jahren zum ersten Mal wieder da war. Die Leute, die in der überfüllten Kirche keinen Platz mehr fanden, drängten sich um die Bäume, um darunter vor dem Regen Schutz zu finden. Eleni versuchte, den einen oder anderen Verwandten zu finden. Die Sache war jedoch dadurch erschwert, dass man vor 42 Jahren sicherlich anders ausgesehen hatte als heute.
Neben uns stand ein Herr, den Eleni fragte, ob er aus dem Dorf sei und ob er eine Familie XY kennt. Dieser zeigte auf einen alten Herrn, den Eleni sofort als ihren Cousin Thanasis erkannte. Sie sprach ihn an und sofort versammelte sich eine Menschentraube um sie, während aus dem inneren der Kirche die Liturgie zu hören war. Es wurde umarmt und geküsst und erzählt. Zwei junge Mädchen verkauften derweil Lose. Sie kamen auch zu uns und ich fragte nach dem Preis. Sie sagten von 50 Cent bis 5 Euro, jeder gibt was er will. Nach den möglichen Gewinnen fragte ich nicht, da diese links und rechts an Zäunen und Bäumen angebunden waren.

Meine Frau schaute mich an und ich sagte „ was solls, gewinnen tun wir ja sowieso nichts und es ist auch für einen guten Zweck". Ich gab einen Zehn-Euro- Schein und erwarb die Lose mit den Nummern 24, 27 und 32. Der Regen ließ etwas nach und in dem Augenblick kam wie bei einem Formel-1-Rennen ein VW-Bus in den Kirchhof geschossen, und kaum hatte man sich versehen, waren einige Biergarnituren aufgestellt. Eine Frage, der ich unbedingt mal nachgehen muss, ist, ob in Griechenland die Biergarnituren auch so oder vielleicht eher Retsinagarnituren genannt werden. Braten und Kartoffel aus dem Backofen wurden aufgetischt und jeder schnappte sich einen Teller mit Besteck und ein Erfrischungsgetränk. Wir wollten uns davon schleichen, als auf einmal eine Stimme erklang: „Halt, stop, Euer Essen!" Und es war tatsächlich noch warm und lecker. Als ich meine Hände wusch und abtrocknete, die meisten hatten schon gespeist, hörte ich die Stimme des Popen, dass in wenigen Minuten die Verlosung stattfinden wird. Da wir noch im Gespräch mit Elenis Cousin waren, blieben wir noch. Und was soll ich sagen? Die Nummer 27 wurde als eine Gewinnnummer gezogen! Ich mag Tiere, aber was soll ich mit einer jungen Ziege, wenn wir in drei Tagen wieder nach Deutschland reisen und Eleni in der Stadtmitte ohne Grasfläche wohnt? Es war ein süßes Ding, ich durfte ihr einen Namen geben, wobei mir nichts Besseres als „Persephone" einfiel. So standen wir jetzt da, Eleni, meine Frau, Persephone und ich.

Aber wir waren ja vor einer Kirche und Gottes Eingebung war nicht weit. Etwas weiter hinten war ein kleines Mädchen und sah immer wieder verstohlen zu uns und lächelte scheu. Ich winkte sie zu mir und fragte, ob ihr der Name Persephone gefällt und sie sagte sie würde so heißen. Meine Frau sah mich an, ich sah sie an, beide sahen wir das Mädchen Persephone und dann das Zicklein Persephone an und wir wussten, wir haben einen Abnehmer.

Die Eltern des Mädchens waren etwas verwirrt und wir mussten versprechen, ihnen unbedingt einen Besuch abzustatten, wenn wir wieder nach Fournofarango kommen. Wir willigten ein, das Mädchen nahm ihre Namensvetterin an die Leine und wir machten uns auf den Weg zurück nach Heraklion.

Kostas meinte später, das es ein leckerer Braten geworden wäre und schloss: Lieber Gott, wir haben doch nur ein Leben, danke dass ich es als Grieche leben darf.

In Fournofarango

Kaliopi in Mannheim

Was hat unsere Nichte Kaliopi mit Mannheim zu tun? Eigentlich genau so viel wie ein Wellensittich mit den Niagarafällen. Aber ich möchte die Verwirrung auflösen.
Kaliopi ist 36 Jahre jung, ist gelernte Visagistin, wurde jedoch nach ihrer Lehre in Heraklion nicht in ein festes Arbeitsverhältnis übernommen. Um ihren Lebensunterhalt zu bestreiten hatte sie dann immer wieder Saisonanstellungen. Sei es als Köchin in einem Hotel oder als Barfrau in einer Poolbar, sei es als Bäckereifachgehilfin oder wie zuletzt in einem kleinen Imbiss nahe der Uni in Heraklion. Dort war sie die letzten sieben Jahre beschäftigt. Sie verdiente bei einer 42- Stundenwoche im Schichtbetrieb knappe 550 Euro und war krankenversichert.
Das war auch ihr Glück, weil sie auf einmal krank wurde und der Arzt ihr anriet, sich in der Klinik umgehend einer Schilddrüsenoperation zu unterziehen. Wir wissen, dass die Schilddrüse Ausgangspunkt für zahlreiche Erkrankungen ist, die unter anderem zu Störungen des Hormonstoffwechsels führen.
Somit begab sich Kaliopi ins „Venizelio" in Heraklion. Frühzeitig hatte sie auch den Termin mit ihrer Chefin abgesprochen. Am Tag der Operation, es war gegen 18:30 Uhr, kam dann ihre Chefin zu Besuch. Kaliopi war zunächst erfreut und danach total verwundert, als ihr eben diese besagte Chefin sagte, Kaliopi solle ihr die Ladenschlüssel geben, sie bräuchte nicht mehr zur Arbeit zu kommen. Sie hat eine neue Hilfskraft, diese arbeitet für über 100 Euro weniger und wäre kerngesund. Als Kaliopi erwidern wollte, dass sie doch in den letzten sieben Jahren keinen einzigen Tag gefehlt hatte, war die gute Frau samt Schlüssel schon aus dem Zimmer. Fairerweise muss ich erwähnen, dass sie beim Hinausgehen: „Gute Besserung" gemurmelt hat.

Ok, das war letzte Woche. Heute bei der Lektüre der Tageszeitung lese ich, dass das Mannheimer Möbelhaus Mann Mobilia exakt 99 Mitarbeiter ausgesperrt hat. Kann ja gut sein, dass man in der Geschäftsführerebene einen Nena-Fan hat, der 99 Luftballons mag. Diese besagten 99
Mitarbeiter wollten am Montagmorgen arbeiten gehen und standen vor verschlossenen Türen. Ohne Vorankündigung wurden sie freigestellt. Die Angestellten sind vor der Tür des Zentrallagers abgefangen worden und man händigte ihnen ein Schreiben aus. Vielleicht sollte hier auch erwähnt werden, dass eben bei diesem Unternehmen eine Standortsicherung bis Ende 2016 besteht und die Arbeitsplätze bis dahin fest vereinbart waren.
Jetzt versuche ich herauszufinden, wo der Unterschied Heraklion / Mannheim besteht. Erklären kann man es sicherlich nur durch eine griechische Metapher:
„Ti Lozani ti Kozani", was sinngemäß heißt: Wo siehst Du einen Unterschied zwischen dem schweizerischen Lausanne und der nordgriechischen Stadt Kozani. Im Lied geht es weiter ..."Schnee hüben wie drüben".
Als ich mit Kosta sprach, machte er mich auf dieses Lied aufmerksam und fuhr fort: Gott, wir haben doch nur ein Leben. Danke, dass ich es als Grieche leben darf.

Rezept: Kaltsounia mit Spinat

Zutaten:
Blätterteig
1 Kilo Spinat, 300 Gramm geriebenen Käse nach Wahl, Salz, Pfeffer, Minze, Butter
Öl zum ausbacken

Zubereitung:
Den Spinat putzen, waschen und eine Stunde stehen lassen.
Anschließend in Butter dünsten bis das Wasser aufgesogen ist.
Nach dem Abkühlen ½ Tasse kleingeschnittene Minze, etwas Pfeffer und den Käse untermischen.
In der Zwischenzeit den Teig ausrollen und mit Hilfe einer Tasse in kleine runde Teile ausstechen. Auf der einen Hälfte des Teigs die Füllung geben, die Ränder mit etwas Wasser anfeuchten und die andere Hälfte darüber klappen. Mit einer Gabel die Ränder andrücken, damit beim Backen die Füllung nicht austreten kann. Bei mittlerer Hitze ausbacken.

Liebes-Wahn

Letzten Sommer machten wir einen Trip nach Kato Asites und Ano Asites. Hier findet man auch das berühmte Kloster Gorgolaini. Die beiden Dörfer mit ca. 3500 Einwohnern liegen am Osthang des Psiloritis auf ca. 480m Höhe.
Aus Ano Asites stammt der vielleicht berühmteste Kapetanios (Führer einer Andartes-Gruppe) Emmanouil (Manolis) Bandouvas. Er rekrutierte viele Andartes (Widerstandskämpfer) aus der Region. „Der Anführer des nationalen Widerstands in Kreta" lautet seine Biographie, die auch auf Deutsch übersetzt ist.
Es war Mittagszeit und wir saßen in einer kleinen Taverne, als wir das Gesprächsthema am Nachbartisch mitbekamen und schließlich nach dem vierten Raki mitsprachen. Es waren Antonis und Georgios, die uns von der betagten Paraskevoula berichteten. Sie, inzwischen zweiundsiebzig, liebte den Dorfpopen Nektarios, der wiederum ihre Liebe ignorierte, da er, inzwischen auch weit in den Siebzigern, zwar seit fünf Jahren Witwer war, aber seiner lieben Frau auch nach ihrem Tod treu bleiben wollte.
Der Pope war vierzig Jahre mit seiner Frau verheiratet gewesen. Man berichtete uns, dass die liebestolle Rentnerin, die sehr viele Äcker, Weideflächen und Olivenhaine besaß, eine gute Partie wäre, sie jedoch nie geheiratet hatte, weil sie nur ihren Jugendfreund Nektarios wollte.
Es lag an der Natur der Sache, dass jeder seinen Senf zu diesem Thema gab und ich eigentlich die Geschichte auch vergaß, bis mir in einer Tageszeitung ein Artikel auffiel. Dort war zu lesen, dass in einer sauerländischen Kleinstadt eine Seniorin seit 15 Jahren einem Pastor nachstellt. Das Ganze endete vor dem Landgericht und die Seniorin wurde aufgrund von nicht vorhandener

Zurechnungsfähigkeit vom Stalking-Vorwurf freigesprochen.
Weiter war zu lesen, dass der Geistliche befürchtet, dass er weiter täglich Anrufe und SMS bekommt, Rosen vor dem Pfarrhaus findet, Luftballons in Herzform an seiner Tür hängen und Reizwäsche sowie Phallus-Symbole in seinem Vorgarten liegen werden. Im Urteilsspruch stand, dass es für die Rentnerin zum Sinn ihres Lebens geworden war, dem Pastor ihre Liebe zu bekunden. In der Begründung war weiterhin zu lesen, dass sich vermutlich erst dann etwas ändern wird, wenn die Frau körperlich nicht mehr dazu in der Lage sei, sich dem Liebes-Wahn so massiv zu widmen. Als ich gestern Abend mit Kosta telefonierte meinte er:
Να μου το πεις το σ' αγαπώ και πάλι,
Να μου το πεις, η αγάπη είναι ζάλη -
Bitte sag mir, dass Du mich liebst
Sag mir, dass die Liebe dusselig macht
Ich gebe es zu, die Übersetzung ist nicht ganz korrekt, aber Kosta hatte recht. Die Worte Liebe und dusselig kennen keine Grenzen. Dieser Liebeswahn ist auf Kreta wie auch im Sauerland zu finden.
Kostas fuhr fort: „Lieber Gott, wir haben doch nur ein Leben. Danke, dass ich es als Grieche leben darf".

Heraklion - Chania, Teil 1

Aufmerksame Leser kennen inzwischen unsere 94jährige Tante Filareti und die Abenteuer, die sie mit ihrem Arschlochsohn erlebt. Er, inzwischen auch im 64sten Lebensjahr, hat das Kleinhirn eines neugeborenen Spatzen. Da er die meiste Zeit als Tagedieb und Taugenichts verbrachte, hatte er nicht sehr viel in die Rentenkasse einbezahlt und wird Anfang 2017 sicherlich eine karge Pension erhalten. Einige Beispiele seines kriminellen Hirns werde ich im zweiten Teil dieser Geschichte näher schildern. Zunächst jedoch will ich von der Rivalität zwischen den Einwohnern von Heraklion und denen von Chania berichten. Zwischen diesen zwei größten Städten auf Kreta gab es immer schon eine gesunde Feindschaft. Tante Filareti erzählt immer wieder die Geschichte, wie ihr Vater, also mein Großvater Kostas, vor siebzig Jahren in Chania ein Zweitgeschäft seines Pelzladens, den er in Heraklion hatte, eröffnete. Das Geschäft war gerade mal eine Woche geöffnet und noch kein einziger Bürger von Chania hatte den Laden betreten.
Ungefähr zehn Tagen nach der Eröffnung erhielt mein Großvater Drohbriefe, dass man sein Pelzgeschäft samt der Ware anzünden würde, wenn er nicht innerhalb von drei Tagen die Stadt verlässt. Das tat er auch. Weiter konnte Tante Filareti von ihrer Nachbarin Vangelio erzählen, deren Sohn in Chania studiert. In Chania gäbe es nur eine Sorte stilles Wasser und zwar das aus der Quelle, die in Chania sprudelt. Keiner würde ein anderes Wasser kaufen und somit würden die Leute ihre eigene Wirtschaft unterstützen.
In Heraklion jedoch gäbe es weit über dreißig Sorten Wasser. Daran würde man sehen, dass die Chanioten viel klüger wären. Und wenn mal jemand aus Chania nach Heraklion reisen würde, hätte derjenige dann immer seine Wasserflasche dabei, die er in Chania gekauft hat. Weiterhin kann sie

berichten, dass man den jungen Frauen von Chania nicht trauen dürfe. Die Nachbarin, Frau Anna von schräg gegenüber, kann so eine Story erzählen.
Ihr Sohn Antonis hat sich mal in eine aus Chania verliebt. So fuhren Antonis, seine Mutter Anna und weitere zehn Verwandte nach Chania, um Verlobung zu feiern. Kurz bevor jedoch die Rechnung vom Kellner gebracht wurde, haben alle Chanioten das Lokal verlassen, auch die Eltern der Braut, und Anna musste die ganze Zeche alleine bezahlen. Am nächsten Tag wurde Kaliopi, so hieß die zukünftige Braut, sogar gesehen, wie sie mit einem anderen Mann in aller Öffentlichkeit knutschte.
Anna sammelte die Verwandten und ihren Sohn ein, um sofort diese sündige Stadt zu verlassen. Nein, man kann niemandem trauen, der aus Chania kommt.
Aber da kommt der Faktor des lieben Geldes ins Spiel und das Kleinkriminellenhirn des Arschlochsohns. Wie man sich nun doch vom Chania- Hasser zu einem Chania-Sympathisanten entwickelt, erfahren wir in der Fortsetzung dieser Geschichte…

Kostas, mit dem ich diese Themen diskutierte, trank genüsslich seine geliebte heiße Schokolade und meinte: „Lieber Gott, wir haben doch nur ein Leben, danke dass ich es als Grieche leben darf."

Rezept: Kaltsounia mit Zwiebeln

Zutaten:
Blätterteig, 6-8 Zwiebel,1 Tomate, 2 Esslöffel kleingeschnittenen Fenchel, Salz, Pfeffer, ¾ Tasse Öl sowie Öl zum Ausbacken

Zubereitung:
Zwiebeln schälen waschen und in kleine Würfel schneiden. Öl in einer Pfanne erhitzen und die Zwiebel weich werden lassen. Die gehäutete Tomate, Fenchel, Salz, Pfeffer zugeben und vermengen.
Den Teig ausrollen und mit Hilfe einer Tasse in kleine runde Teile ausstechen. Auf der einen Hälfte des Teigs die Füllung geben, die Ränder mit etwas Wasser anfeuchten und die andere Hälfte darüber klappen. Mit einer Gabel die Ränder andrücken, damit beim Backen die Füllung nicht austreten kann. Bei mittlerer Hitze ausbacken.

Rezept: Linsensuppe

Zutaten:
½ Kilo feine Linsen,1-2 Zwiebeln, 4 Knoblauchzehen, 1 große geriebene Tomate,1 Tasse Öl, 2-3 Lorbeerblätter, 1 Teelöffel Salz, etwas Oregano und Essig

Zubereitung:
Die Linsen waschen und in einem Topf knapp mit Wasser bedecken. Sobald dieses ein bis zwei Mal aufgekocht ist abtropfen lassen. Mit 8 Gläser Wasser nochmals aufkochen lassen. Die geheckten zwiebeln, den Knoblauch, die Lorbeerblätter, Oregano und die Tomate dazu geben und nach zwei bis dreimaligen aufkochen, Öl und Salz dazu fügen. Jetzt langsam köcheln lassen und kurz vor dem Ende der Garzeit den Essig zugießen.

Matala 2016 und 1989

Platia Kornarou gestern und heute

Heraklion-Chania, Teil 2

Über die Rivalität zwischen Heraklion und Chania haben wir im ersten Teil der Geschichte einige Beispiele erfahren. Tante Filareti hatte sogar einmal gesagt, dass sie lieber einen Leprakranken küssen würde als Chania jemals zu betreten.
Arschlochsohn Michalis hatte wieder mal eine Idee. Nur kurz sei erwähnt, dass er seinen letzten Job als Bratwurstvertreter einer Fleischerei aus Thessaloniki verloren hatte. Wie kam es dazu? Von den Supermärkten oder sonstigen Geschäften, in denen er seine Ware anpries, erhielt er einen Vorschuss auf die Bestellung. Von der Ware, die er aus Thessaloniki erhielt, lieferte er das meiste an die Endkunden aus. Wenn sein Lieferant dann die Begleichung der Rechnungen anmahnte, antwortete er, die Ware sei verdorben angekommen. Der Rest der gelieferten Wurst wurde mehrfach verkauft, natürlich nur auf dem Papier. Die Ware behielt er selber. In diesem Fall behauptete er, er hätte die Auftragsbücher verloren.
Es kam, wie es kommen musste: der Lieferant stellte die Lieferungen ein, da er nie einen müden Euro gesehen hatte.
Den Kunden erzählte unser Michalis, dass der Lieferant sicherlich aus Chania stammen würde und absolut unzuverlässig sei. Er hätte die Anzahlung behalten, keine Ware geschickt und wenn man ehrlich wäre, müssten alle zugeben, dass der Geschmack der Wurst auch nicht so toll war.
So war er dann zwar seinen Job los, aber er und seine Frau hatten einige Wochen Bratwürste auf dem Tisch. Als diese jedoch zu neige gingen, besann er sich auf seine Mutter.
Die knappen 400 Euro, die sie als Rente bekommt, reichen ihr meistens bis zum 22. oder 23. des Monats. Den Nachbarn sei Dank hat sie jedoch die restliche Zeit bis zur nächsten Rentenzahlung auch was zu essen.

Als wir nach Heraklion kamen, war es der 13. und wir erfuhren, dass der Arschlochsohn vor drei Wochen umziehen musste, da er mehrere Monate seine Miete nicht begleichen konnte. Er hatte den Erzählungen nach niedergeschlagen und am Boden zerstört seine Mutter aufgesucht. Sie fragte ihn was los sei und er sagte, dass in der neuen Wohnung kein Herd sei und seine Frau und er nicht einmal Wasser für einen Tee erwärmen könnten. Filareti gab ihren letzten Cent und somit hatte sie noch zweieinhalb Liter Milch und eine Packung Zwieback für den Rest des Monats. Sie meinte, dass sie dann ihre Milch und den Zwieback nur morgens essen würde und abends nichts, so würde sie bis zum Dreißigsten auskommen. Als wir ihr am Abend einen Karton Milch und mehrere Packungen Zwieback in ihre Küche schmuggelten, schimpfte sie, das sei doch nicht nötig, sie hätte doch noch so viel. Zwar ist sie bekanntlich schon 94, aber ihren Stolz und ihre Würde hat sie nie verloren.

In ihrer Schublade mit der Unterwäsche hatte sie jedoch noch eine eiserne Reserve: sie hatte im Laufe der Jahre 200 Euro angespart, für den Fall ihres Todes. Diese allerletzte Würde in Form von 200 Euro hat ihr der Arschlochsohn auch noch genommen. Eines Tages stand er mit Krokodilstränen in den Augen vor ihr und behauptete, dass er 200 € Strafe zahlen müsste, weil sein Auto keinen TÜV hätte. Ansonsten müsste er unverzüglich ins Gefängnis. So erfuhr er von der Existenz dieser 200 Euro, denn Filaretti holte mitleidig 150€ aus der Schublade. Wie könnte er jedoch noch an die restlichen 50 € kommen?

Nun, er erfand kurzerhand eine Wurstwarenfabrik in Chania und berichtete seiner Mutter, dass alles, was sie über Chania ihr Leben lang gehört hatte, nicht wahr wäre. Die Leute dort wären sehr geradlinig, sehr ehrlich und geschäftstüchtig. Er müsste unbedingt nach Chania fahren, um mit dem Fabrikanten, der am Telefon einen sehr guten

Eindruck machte, einen Vertrag abzuschließen, dann würde er die Vertretung für Heraklion bekommen. Er redete so lange, bis seine leichtgläubige Mutter ihm die allerletzten 50 Euro gab, damit er den Sprit nach Chania bezahlen könne.

Das verfeindete Chania wurde auf einmal als Tür zum Paradies gesehen und der Arschlochsohn würde endlich jemanden finden, der ihm pünktlich sein Gehalt zahlen würde und wer weiß, vielleicht hätte sie bald wieder 200 Euro in der Unterwäscheschublade.

Michalis verschaffte sich vorsorglich drei Monate Zeit, indem er ihr berichtete, dass er zunächst auf Provision arbeiten würde und erst ab dem vierten Monat einen Gehaltscheck kriegen würde.

Kostas, der das Ganze wie immer still betrachtete meinte nur: „So hat er jetzt 90 Tage Zeit, andere Lügen zu erfinden", trank einen Schluck von seiner heißen Schokolade und meinte: „Lieber Gott, wir haben doch nur ein Leben, danke dass ich es als Grieche leben darf."

Rezept: Tagliatelle mit Meeresfrüchte

Zutaten:
½ Kilo Nudeln
1 Kilo verschiedene Meeresfrüchte (Muscheln, Oktopus, Garnelen),
4 kleingeschnittene Tomaten
3 Spritzer Tabasco
1 Knoblauchzehe, Petersilie und Minze, alles kleingehackt
1 Glas Weißwein
10 Esslöffel Olivenöl
geriebenen Gravierakäse
Salz und Pfeffer

Zubereitung:
Die Garnelen 5-6 Minuten im leicht gesalzenen Wasser kochen lassen und puhlen. Dasselbe wird mit den Muscheln gemacht. Muscheln, Garnelen und den klein geschnittenen Oktopus anschwitzen. Mit Wein ablöschen und so lange erhitzen, bis die Meeresfrüchte die Feuchtigkeit aufgesaugt haben.
Tomaten, Knoblauch, Petersilie, Minze, Salz, Pfeffer und Tabasco dazugeben.
Gekochte Nudeln abtropfen lassen und mit kochendem Olivenöl abbrühen. Das Ganze mit den Meeresfrüchten und dem geriebenen Käse bestreuen.

Rezept: Oktopus- Stifado

Zutaten:
1 gesäuberten Oktopus, 1 Tasse Öl
4-5 Zwiebeln in Scheiben schneiden
1 Glas Rotwein
2 Tomaten
Pfeffer, Salz, Kümmel, 1 Lorbeerblatt

Zubereitung:
Den Oktopus auf kleiner Stufe mit wenig Wasser im geschlossenen Topf garen. Danach in Stücke schneiden.
Öl in die Pfanne geben und die Zwiebeln zusammen mit den Oktopusstücken anbraten und mit Wein ablöschen.
Die Tomaten, das Lorbeerblatt, Salz, Pfeffer und Kümmel zufügen. Den Topf zudecken, köcheln bis die Zwiebel weich sind und die Soße eindickt.

Es war einmal eine Hochzeit

Früher….
Es war Brauch, dass der Freier selbst dem Mädchen seine Liebe erklärte, vielleicht am Brunnen oder auf dem Dorfplatz, indem er ihr einen Apfel oder eine Blume zuwarf, was als Heiratsantrag galt. In manchen abgeschiedenen Dörfern war es üblich, dass der Bräutigam um ein Mädchen anhielt, das er noch nie gesehen hatte, indem er einen Verwandten, der in der Familie desselben Zutritt hatte, mit der Werbung beauftragte.
Hatte manch junger Mann sich in ein Mädchen verliebt, das ihm ihre Eltern nicht geben wollten, so kam es nicht selten zu blutigen Szenen, indem sich manchmal die ganze Dorfgemeinschaft aufmachte, um die Geliebte ihres Mitbürgers mit Gewalt zu entführen. In manchen Landstrichen griffen verzweifelte Liebhaber häufig zu dem extremen Mittel, dem Mädchen ihrer Wahl öffentlich das Tuch vom Kopfe oder das Halstuch von der Brust zu reißen, was für eine solche Schmach gehalten wurde, dass die Eltern in die Heirat einwilligen mussten, um die Ehre ihrer Tochter und ihres eigenen Namens wieder herzustellen.
Da auf den Inseln Dienstag und Freitag als Unglückstage gelten, wird vielerorts gern am Sonntag oder Donnerstag geheiratet. In den Städten lässt man sich auch samstags trauen. Am Abend vorher wurde dem Brauch gemäß die Braut zum Schminken geführt und ihre Ausstattung auf Pferden im Dorf zur Schau umher geschleppt, während zur gleichen Zeit ihre Kleider von Kindern in Körben in den Straßen herumgetragen wurden. Im Hochzeitshaus fingen inzwischen die Tänze an, und die Braut, mit Goldfäden im Haar und einer Purpurbinde um den Kopf, ging allen eintretenden Männern entgegen, um ihnen demütig die Hand zu küssen.

Bei der Trauung war es Sitte, dass sie wie ein Opfer dem Altar zu schwankt, und abends musste sie sich mit Gewalt aus den Umarmungen der Ihrigen losreißen und, geleitet von ihren weiblichen Verwandten, unter unzähligen Glückwünschen und dem Gesang von Hochzeitsliedern das Haus der Eltern verlassen. Ein Kind, das ihr einen Spiegel vorhielt, ging ihr voran, und auf der Mitte des Weges kam ihr der Bräutigam mit seinem Gefolge entgegen, um sich an die Spitze des Zuges zu setzen.

Hatte man das Haus des Mannes erreicht, stellte sich dieser zur Linken seiner Frau auf, und nun wurde das junge Paar mit einem wahren Regen von Blumen, Früchten, Nüssen und Zuckerwerk überschüttet. Die junge Frau wurde, da es eine Vorbedeutung schlimmster Art sein würde, wenn sie beim Eintritt in das neue Haus den Boden berührte, rasch über die Schwelle gehoben, und musste, bevor sie zu Bett gebracht wurde, zum Beweis ihrer Jungfräulichkeit noch auf ein Sieb aus Fell steigen, um es zu durchtreten.

War der Vater der Braut außer Stande, die Mitgift sogleich bei der Hochzeit zu geben, so blieb bis zu einem mit dem Mann verabredeten Termin die junge Frau im Hause ihrer Eltern, ohne irgendwelchen Umgang mit ihrem Gatten zu haben.

Sobald sie vor ihrem Gatten stand, warf sie sich ihm zu Füssen, küsste ihm die Hände und legte einen Sack und einen Strick vor ihm nieder, um auszudrücken, dass sie die Lasten des Hauses tragen und die Vorräte für den Haushalt bewahren werde. Im Hause selbst versammelten sich die Frauen der Nachbarschaft und priesen in einem mit monotoner Stimme gesungenen Hochzeitslied die Tugenden und Vorzüge der neuen Gattin.

Heute…
Ca. 100 Hochzeitsgäste haben sich in der kleinen Kapelle des Agios Sawas bei Rogdia versammelt, eine kleine Gruppe, was eine Hochzeitsgesellschaft

betrifft. Da jedoch Sie wie auch Er zum zweiten Mal den Bund der Ehe schließen wollen, ist das Fest etwas dezenter geplant. Zum Ausgleich sind drei Popen anwesend, die die Zeremonie unter freiem Himmel vollziehen. Braut und Bräutigam kommen gemeinsam in einem Auto an und alles ist moderner. Nach dreißig Minuten abwechselnder Segenssprüche ziehen die Gäste am Brautpaar vorbei, geben dem Bräutigam das obligatorische Geldkuvert, küssen die Braut, wünschen „Na Zeisete", gratulieren einer gefühlt langen Schlange von engsten Verwandten und dann geht es in die Taverne zum Feiern. Und die Kreter können feiern und essen, doch das ist eine andere Geschichte.
Wie sich doch die Zeiten ändern, dachte ich mir nach dem siebten oder achten kretischen Raki.
„Sag mal Helga", sagte ich zu meiner Frau, „wer heiratet als nächstes?"
Yiamas !

Über Diäten und Kostas Rente

Die Gespräche im Wartezimmer eines Arztes sind immer eine wunderbare Bereicherung.
Man erfährt so vieles und aus diesem Grund erscheine ich beim Arzt in der Regel zwanzig Minuten früher als vereinbart. So auch Anfang der Woche. Im Wartezimmer waren noch drei Herrschaften, zwei ältere Damen um die siebzig und ein Herr, der knappe 50 Jahre alt sein müsste. Das Thema war die Gehälter der Minister und so erfuhr ich, dass die Bundeskanzlerin um die 18 000 Euro und die Minister ca. 14 500 Euro, natürlich Brutto erhalten. Ich gönne ihnen jeden Cent, das ist nicht

das Thema. Der Punkt, der mich jedoch etwas nachdenklich gemacht hat, ist die Tatsache, dass jeder Abgeordnete 9 082.—Euro verdient.
Aber in den letzten zwei Jahren haben eben diese Bundestagsabgeordneten weitere 21,4 Millionen Euro als Nebenverdienst eingestrichen. Jeder vierte Bundestagsabgeordnete hat einen Nebenjob, bei der CDU/CSU ist es sogar jeder Zweite. An der Spitze steht mit 1,1 Millionen Euro Philipp Graf von und zu Lerchenberg. Die von Lerchenbergs spielten eine wichtige Rolle im bayrischen Staate. Einer war sogar Ministerpräsident von Bayern. Ein anderer, Hugo Lerchenfeld, war ein enger Freund Otto von Bismarcks.
Jetzt kann der Leser sich zu Recht fragen, was hat das Salär der Bundestagsabgeordneten mit Griechenland oder Kreta zu tun?
Meine Antwort: Gar nichts!
Aber es macht einen doch sehr nachdenklich, wenn 65 der CDU/CSU Abgeordneten sich gegen ein drittes Hilfspaket für Griechenland aussprechen.
Ich denke, dass es menschlich ist, wenn man sich als TOP-Verdiener nicht mit so Hungerleidern abgeben will und seine Zeit vielleicht sinnvoller verwendet, um einen weiteren lukrativen Nebenjob auszuüben.
Wie www.Abgeordnetenwatsch.de schreibt, gibt es sehr viele Schlupflöcher, da ein Nebenverdienst von unter Eintausend Euro im Monat nicht angegeben werden muss. Weiter müssen Rechtsanwälte ihre Honorare unter bestimmten Umständen gar nicht angeben.
Kostas meinte, er müsste, nachdem er ab nächstes Jahr Rente bekommt, 166 Jahre leben, um ein Jahresgehalt des Grafen zu erreichen, aber, so fuhr er fort: Lieber Gott, wir haben doch nur ein Leben. Danke, dass ich es als Grieche leben darf.

Lassithi

Rezept: Anchovis im Ofen

Zutaten:
1 Kilo Anchovis
2 kleingeschnittene Tomaten
1 Tomate in Scheiben geschnitten
Kleingeschnittene Petersilie
Zitronensaft, 1 Knoblauchzehe, 2-3 Tassen Öl, Salz, Pfeffer

Zubereitung:
Die Anchovis ausnehmen und die Köpfe abtrennen. Waschen, abtropfen lassen und salzen. Auf ein Blech geben und mit Zitronensaft beträufeln. Die Petersilie mit den Tomaten und den Knoblauch vermischen und über die Fische geben. Mit Tomatenscheiben bedecken und mit Öl beträufeln. Im vorgeheizten Backofen ca. 25 Minuten backen.

Der Wilde in den Bergen

Irgendwo in der Nähe von Kapetaniana, im Süden der Präfektur Heraklion, muss das schönste, tollste und heiligste Kloster sein, das Cousine Eleni kennt. Sie schwärmte von der Aussicht, die man vom Kloster aus hat und von der Blütenpracht im Garten des Klosters und dass die Nonnen dort so herzlich sind und sich innig um die Gäste bemühen. Eleni fuhr fort, das sie dort vor fünfzig Jahren war und mit der Schulklasse auch eine Nacht in den Klostermauern verbracht hatte.
Ihr Mann Kostas ist kein Klostergänger und somit machten wir uns auf den Weg, dieses Kloster zu finden, das wie erwähnt in der Nähe von Kapetaniana sein sollte. An dem besagten Tag

regnete es leicht, ok, leicht für unsere Verhältnisse, die wir in Mitteleuropa leben, für Kreter war es ein starker Regenfall. Wir erreichten die Gegend, die wirklich sehr beeindruckend war und nachdem die Navigation meines Handys weniger hilfreich war beschlossen wir, jemanden nach dem Weg zu fragen.

Einige Meter vor uns sahen wir, wie jemand mit dem Rücken zu uns sich an einem Motorrad zu schaffen machte. Ich fuhr zu ihm hin und dachte schon beim ersten Anblick „Das ist ein wilder Kreter aus den Bergen, ein Ziegenhirt oder so etwas ähnliches." Er trug die traditionelle Tracht aus Pumphose und einem schwarzen Hemd, eng um die Taille geschnallt ein Gürtel, an dem man das kretische Messer erkennen konnte. Er drehte sich um und sein schwarzer Vollbart verdeckte dreiviertel seines Gesichtes. Ok, ich will nicht ‚dämonisch' dazu sagen, ich sage lediglich ‚grimmig'. Fragend schaute er mich an. Bevor ich was fragen konnte, erkannte er sicherlich durch die Tatsache, dass wir einen Leihwagen fahren, dass wir nicht von hier waren. Er fragte: „Xenos (Fremder)?" „ Guten Morgen", sagte ich (es war kurz vor 14:30.) Wir haben uns sicherlich verfahren, wir wollen nach Kapetaniana. „ Da fahrt ihr jetzt nicht hin" sagte er und sein Gesicht wurde immer grimmiger. „Es ist schlechtes Wetter und die Straße ist nicht ausgebaut, fahrt im Sommer dorthin, da ist es auch viel schöner. Kommt steigt jetzt aus." Eleni, meine Frau und ich schauten uns an. Ich stammelte etwas von, wir müssen weiter, doch der Typ öffnete die Fahrertür, sagte wir sollen das Auto ruhig stehen lassen und wir würden keinen Meter weiter fahren, da wir jetzt erst einen Kaffee bei ihm zuhause trinken. Aus dem Einfamilienhaus kam auch eine Frau heraus, die uns freundlich zuwinkte. Ok, dachte ich, und warf noch einmal einen Blick auf das Messer in seinem Gürtel, wir müssen jetzt das Beste aus der Situation machen. Während ich weiter überlegte, sah ich zwei junge Mädchen, die ins Haus gingen und sich lebhaft unterhielten. Ich war etwas beruhigt, das konnte keine Falle sein, wenn man so fröhlich und herzlich ist. Auch unser Gastgeber bemühte sich, zu lächeln und man erkannte die weichen Züge dieses Mannes. Wir gingen ins Haus, seine Ehefrau, drei Töchter und ein Sohn erschienen und begrüßten uns. Die älteste fragte, wie wir unseren Kaffee trinken und die Frau tischte diverse Brote und Käsetaschen auf. Die zweitälteste Tochter schnitt eine Melone auf und wir erfuhren, dass unser Gastgeber, den wir ursprünglich für einen Wegelagerer gehalten hatten, der Dorfpope war. Kein Fremder darf vorbei, ohne wenigstens ein Glas Wasser oder einen Kaffee mit ihm zu trinken. Wir saßen so nett beieinander, er fragte woher wir kämen und Eleni meinte, sie wohne in Heraklion, wäre aber unweit von hier geboren. Sie sagte ihren Mädchennamen und die Frau des Priesters meinte, so würde sie auch heißen und ihre Mutter heißt Sinovia und ihr Vater Petros. Eleni staunte nicht schlecht. „Sinovia ist doch meine Cousine", meinte sie und kaum gesagt wählte die Frau eine Telefonnummer, sagte „hallo Mama, ich reiche Dich kurz weiter….". Das Telefonat war beendet, man lachte und stellt fest, was für Wege der liebe Gott doch ermöglichen kann und dass, wenn ich mich nicht verfahren hätte, Eleni niemals oder zumindest nicht so schnell die Tochter ihrer Cousine gesehen hätte. Vor 42 Jahren war Eleni das letzte Mal im Dorf bei der Beerdigung ihres Onkels. Frau Pope meinte, sie kann sich nicht so richtig erinnern, sie wäre damals sieben Jahre alt gewesen. Der Kaffe war getrunken und wir verabschiedeten uns nicht ohne das Versprechen zu geben, wenn wir im Sommer das Kloster besuchen, unbedingt noch einmal vorbei zu schauen. Auf dem Weg zum Auto fragte mich der Pope, warum ich unbedingt zu dieser Ruine fahren möchte, da lebe seit vielen Jahren kein Mensch mehr, alles sei verfallen und öde. Es gibt so viele schönere Klöster auf Kreta. Dieses erzählte ich

Kostas und nicht Eleni weil ich ihr diese schöne Erinnerung nicht nehmen wollte.
Gut so, meinte Kostas lass uns Gott danken, wir haben doch nur ein Leben, danke dass wir es als Griechen leben dürfen.

Rezept: Kounelistifado

Kaninchenstifado

Zutaten:
1 Kaninchen
½ Glas Olivenöl
1 kg grob gehackte Zwiebel
1 Knoblauchzehe
½ Glas Wein (nach Geschmack)
Salz, Pfeffer, Thymian
3 Lorbeerblätter
Mehl
3 Löffel Essig

Zubereitung:
Kaninchen waschen und in Stücke schneiden, in einem Topf mit dem Olivenöl, etwas Zwiebeln, dem Knoblauch und dem Salz anbraten.
Wein, restl. Zwiebeln, Pfeffer, Thymian und Lorbeerblätter dazugeben und auf kleiner Flamme fertig garen.
Mehl mit Essig mischen und am Schluss darunter rühren, Topf vom Herd nehmen.

Von den Kleinanzeigen

Wir haben uns spontan entschlossen, einen neuen Küchenschrank zu kaufen und der „alte" sollte abgegeben werden.
Kostas Frau Eleni widersprach ihrem Mann, der den Schrank zu Kleinholz machen wollte. Da unsere Nachbarin Frau Penelopi, die bereits unseren alten Kleiderschrank abgeholt hatte, keine Verwendung hatte, hatte Eleni die Idee, wir sollten doch an der Pinnwand beim Supermarkt A&B eine Notiz anbringen, dass ein Küchenschrank abzugeben wäre.
Somit gingen wir hin, und nachdem der Einkauf erledigt war und ich großzügigerweise meiner Frau erlaubt hatte, das Gekaufte ins Auto einzuräumen, ging ich zur besagten Wand. Ich war gerade dabei, meine Notiz anzubringen, als mir einige der angebrachten Anzeigen ins Auge fielen.

Die Kleinanzeigen im Supermarkt
- Welcher rüstige Rentner hat Lust, ehrenamtlich im Altersheim Ruhesanft von mittwochs bis freitags zwischen 9:00 Uhr bis 14:30 als Fremdenführer zu arbeiten?

- Verköstigung (Kaffee und Stück Kuchen vom Vortag) ist gewährleistet.
- bin Mitte Dreißig, gelernter Gärtner und mähe Ihren Rasen. Im Bett bin ich auch nicht schlecht.
- Wir treffen uns jeden Montag um 21:00 Uhr hinterm Kaffee Chaos zu der Diskussionsrunde ‚Lass uns den Sinn vom Sinn erkunden. Oder hat alles keinen Sinn?'
- Fröhliche Singstunde jeden Mittwoch ab 20:00 Uhr. Gerne erwarten wir Tenöre, Sopranistinnen wie auch Bisexuelle.
- Verschenke grünes Dreirad für Kinder bis 20 kg. Als Gegenleistung sollte mein Gartenzaun repariert werden.
- Liebenswerte Nymphomanin sucht Partnerin. IQ spielt keine Rolle, Hauptsache, sie hat ein Ferienhaus in Agios Nikolaos.
- bin schlank, sportlich, 41 Jahre, Akademiker. Ich suche meine Traumfrau. Bin ehrlich, treu, gut duftend, gepflegt, strahlende Augen, zielstrebig, selbstbewusst, modisch gekleidet, habe Sinn für Humor, bin clever und cool. So sieht mich meine Mutter. Erwarte ernstgemeinte Bildzuschriften.
- Alkoholiker auf hohem Niveau tauscht Motorroller gegen drei Kisten Ouzo Plomari.
- Da wir uns beim Bäcker, Metzger und im Cafe Bluemoon neben dem Löwenbrunnen, wo ich täglich von 14:00 bis 16:00 Uhr bin, noch nicht begegnet sind, melde dich bitte. Möchte Dich nicht erst in der Seniorenresidenz kennen lernen.
- Wer möchte ein Vampir werden? Bitte nur diejenigen schreiben, die es ernst meinen.
- Hallo Herr Dieb, freut es Dich sehr, dass du meine Geldbörse in meiner Hosentasche gefunden hast? Die 100 Euro habe ich über das Jahr für meine Kinder gespart, damit wollte ich Geschenke kaufen. Das ist das

erste Mal, dass meine Kinder über Ostern bei mir sind, und du hast es versaut... Danke.
- Joggingpartner gesucht. Hallo, ich bin Popi, Bäckereifachverkäuferin aus Malia. Ich jogge bei allen Temperaturen und such einen Mann, der es konditionell mit mir aufnehmen möchte. Es soll aber kein Leistungssport sein, sondern einfach nur ab und zu joggen und sich unterhalten oder andere Dinge gemeinsam unternehmen. Wir könnten das Joggen auch gleich weglassen.

Nachdem ich diese Kleinanzeigen, die meist ordentlich geschrieben waren, gelesen hatte, dachte ich, dass ich doch lieber Kosta den Küchenschrank zum Verheizen gebe. Ich rief ihn an und er erwiderte: „Lieber Gott, wir haben doch nur ein Leben. Danke, dass ich es als Grieche leben darf".

Für wen ich schreibe

Letzte Woche rief ein alter Bekannter an und meinte, er hätte eine Kolumne gelesen und hat nach dem Verfasser geschaut. Da hat er meinen Namen gelesen und sich an mich erinnert, an unsere gemeinsame Zeit im Büro einer Maschinenbaufirma in den achtziger Jahren.
„Sag mal", sagte er, „Du schreibst, wie ich lese, immer noch fleißig. Warum nur?"
Wir sprachen über die alten Zeiten, Mann waren wir damals jung. Wir erinnerten uns an die Kollegen und manchen Streich, den wir damals, obwohl wir um die Dreißig waren, ausgeheckt haben. An den Junggesellenabschied von Harry in der Schwulen- und später in der Lesbenbar, als wir Erwin nach dem

Volksfestbesucht suchten und dieser in ein Polizeiauto urinierte und an manch anderes, was ich nicht wiederholen könnte, ohne mich vor Frau und Kindern zu schämen und in Erklärungsnot zu kommen. Wir waren so herrlich jung, niemals böse und gemein, stets jedoch mit dem Schalk im Nacken. Als ich den Hörer auflegte, fiel mir der Satz meines Bekannten ein, warum ich immer noch schreibe….

Ich schreibe, weil ich noch ein Kindskopf bin, und schreibe für all die, die über sich selber schmunzeln können. Ich schreibe für Gelehrte und Analphabeten, für Reinemachefrauen und Schichtarbeiter, für Direktoren und Primaballerinen.
Ich schreibe für die, die keinen Ausweg sehen und für die, die jede Lösung innerhalb von Sekunden haben. Für Apple schreibe ich wie auch für die städtische Müllabfuhr. Für die, die über den Dächern von Nizza sind wie auch für den Zoowärter, der kurz vor seiner Pension steht.
Ich schreibe für Zugführer und Restaurantkritiker, für Vegetarier und Trostsuchende. Für all die, die die Welt als Kugel sehen wie auch für die Zeugen Jehovas. Für die, die ihren Tod als Erlösung sehen und für die, die ihre Weltanschauung aus Kochbüchern haben. Für Glockenturmwächter schreibe ich und für alle, die sich unbemerkt in Damentoiletten einsperren lassen. Für die, die nach drei Ouzos wie ein Gummiball schwanken und für meinen Onkel Stathi, der, Gott hab ihn selig, einen Liter kretischen Raki mit wenigen Oliven als Beilage trinken konnte.
Ich schreibe für die, die das, was ich schreibe nicht begreifen und für die, die meinen, es wären Scherben eines kranken Hirns. Für die Wahnsinnigen schreibe ich genauso wie für die Bild-am- Sonntag-Leser.
Ich schreibe für die, die ihre Spuren im Sand suchen und für die, die Django nur vom Kino kennen. Für die Schiffsreisenden schreibe ich und für die Kinder, die

ihr Kind sein ausleben können. Und ich schreibe für die, die ich liebe, aber auch für die, die sich für was Besseres halten.
Ich schreibe für Menschen und auch für Politiker, für Banker, für die Griechenland ein Spielball ist und für Dax-Index-Anbeter, die heimlich aus dem Nutellaglas naschen.
Ich schreibe für die, für die Kreta nicht nur eine Insel ist und für alle, die sich freuen, die Woche darauf wieder eine von Nikos-erzählt-Geschichte zu lesen und ich schreibe solange, wie Kostas stolz darauf ist, sein einziges Leben als Grieche zu leben.

Agia Irini 1967 - 2016

Rechts, links, rechts, links

Zeitungen, Radio, Fernseher sind voll davon. Und jetzt kommt eine weitere Geschichte mit dem Thema Tsipras?
NEIN! Ich unterstelle mir zwar gesunden Alltagsverstand, aber ein Politologe bin ich nicht. Stattdessen möchte ich gerne einige Telefonate, die ich mit Verwandten und Freunden in Kreta in der letzten Woche führte, zusammenfassen.
Ich fragte meinen Freund Stamatis, was er über die neue Regierung denkt und er meinte lapidar: „Ich habe mit meinen 64 Jahren niemals links gewählt, aber dieses Mal wählte ich Tsipras. Ich will doch nur ein bisschen leben und nicht im Sumpf untergehen. Ob Tsipras das schafft weiß ich nicht, aber ich weiß, dass über vierzig Jahre lang die Familien Samaras und Papandreous das Land kaputt regiert haben. Jetzt sehe ich in den Nachrichten, wie die Minister und Präsidenten der großen europäischen Länder warnen und drohen.
Wissen die überhaupt, was hier alles los ist?
Wissen sie, dass die Menschen hier sterben, weil sie keine Medizin bekommen oder sich diese nicht leisten können? Dass Familien frieren, weil der Strom abgeschaltet ist? Dass in Athen die Selbstmordrate auf das Doppelte gestiegen ist, weil die Menschen keinen Ausweg mehr sehen? Dass die Renten nicht einmal das Existenzminimum erreichen? Die Menschen sind geschlagen und die offene Einsamkeit breitet sich aus. Wir wollen doch wirklich nur ein bisschen leben. Wir wissen, dass morgen die Sonne wieder scheinen wird, aber nicht für uns. Schau mal die Leute nun an.
Wo ist die Lebensfreude geblieben?
In den Augen der Menschen herrscht Traurigkeit. Die Menschen in Europa müssen erfahren, dass wir Griechen nicht faul und untätig sind. Die Leute in Europa sagen: ‚Ihr habt so viele Milliarden erhalten, wo sind diese?' Das habe ich mich auch gefragt, bis

die neue Regierung uns zeigte, dass über 90 Prozent dieser Gelder lediglich zur Tilgung von Zinsschulden verwendet wurden. Die, die bis jetzt regiert haben, waren willenlose Marionetten.
Es reicht nicht zu sagen: Ich tu mein Bestes, man muss es auch angehen. Wir haben eine demokratisch gewählte Regierung und die Damen und Herren in London, Paris und Berlin müssen es akzeptieren. Sicherlich verstehe ich die Angst, weil man merkt, dass in Italien wie auch Spanien auch „Tsiprase" groß werden. Dieses links, rechts denken ist doch für Unterbelichtete. Da kommen Politiker zu Wort, die meinen, dass Syriza „Populisten" und „Pegida" besorgte Bürger sind.
Früher gingen die Leute ins Kino und gruselten sich bei Edgar Wallace, heute sieht man in Alexis Tsipras einen Albtraum mit roter Sichel. Ist die einzige Logik die, dass nur eine Wirtschaftslogik existiert? Oder wird das Schreckensszenario vom Linksruck in den Medien so hochgehalten, weil das Individuum, der einzelne Mensch, nichts mehr zählt?
Tsipras ist nun das Sprachrohr der Alternative, und wenn die Roboter mit Krawatte, die sich Troika nennen, endlich aus Griechenland verschwinden, wird das griechische Volk frei atmen können.
Demokratie, was für ein schönes Wort, ein Wort wie Freiheit und Ehre.
Und sag mal", fuhr Stamatis fort, „warum gönnen uns das die Europäer nicht? Ob Tsipras links oder rechts ist, interessiert mich nicht. Er hauchte jedem Griechen wieder Mut ein und er schenkt uns Hoffnung.
Etwas später rief ich Kostas an, er wiederholte fast die gleichen Worte, die Stamatis verwendete und schloss:
„Lieber Gott, wir haben doch nur ein Leben. Danke, dass ich es als Grieche leben darf."

Rezept: Gemista

Gefülltes Gemüse

Zutaten:
3-4 Tomaten
2 Auberginen
4 Zucchini
6 Paprika (rot, grün, gelb)
2 Zwiebeln
Je 1 Bund Petersilie und Dill
500 g Reis
Salz, Pfeffer, etwas Minze
Olivenöl

Zubereitung:
Das Gemüse aushöhlen und mit etwas Salz bestreuen.
Füllung:
Zwiebeln reiben, Dill, Minze und Petersilie klein hacken und dazugeben. Reis, Salz und Pfeffer dazu und das Ausgehöhlte der Tomaten.

Ein Wasserglas Öl dazugeben. Mit der Masse das ausgehöhlte Gemüse füllen. In ein Tapsi (Backblech) setzen und ca. 1 Std. im Backofen garen

Agios Titos in Heraklion, 1960

Der Löwenbrunnen in Heraklion, 1941

Agios Titos und der Löwenbrunnen 2016

Rezept: Kolokithopita

Zucchini-Pitta

Zutaten:
2 kg Zucchini
300 g Feta
400 g Käse, der schmilzt
3 Eier
Je 1 Bund Dill und Petersilie klein gehackt
½ Bund Minze kleingehackt
2 mittelgroße kleingehackte Zwiebeln,
Backpulver
Salz, Pfeffer, Oregano
1 Wasserglas Mehl
1 Glas Semmelbrösel
etwas Öl

Zubereitung:
Zucchini reiben und salzen. Diese Masse 2 Stunden ruhen lassen, damit sich das Wasser absetzt. Mit den anderen Zutaten vermischen. Die Masse auf ein geöltes Backblech geben und ca. 1 Std. backen

Rezept: Melitsanes sto tsikali

Auberginen im Topf

Zutaten:
1 kg große Auberginen
2 kleingehackte Zwiebeln
1 Wasserglas Olivenöl
3-4 kleingeschnittene Tomaten
1 Bund kleingehackte Petersilie
3 Lorbeerblätter
Salz, Pfeffer, Thymian
½ TL Zucker
etwas Essig

Zubereitung:
Auberginen waschen und in Scheiben schneiden.
Salzen und 1 Std. ruhen lassen.
Zwiebel im Öl glasig dünsten, Auberginen abtropfen und dazu eben, ca. 10 Min. dünsten. Tomaten, Salz, Pfeffer, Thymian, Zucker Petersilie und Lorbeerblätter dazugeben.
Kurz vor dem Fertiggaren Ofen ausschalten und etwas Essig dazugeben.

Neuwahlen

Neuwahlen waren angesetzt und die ganze Welt blickt wieder einmal nach Griechenland. Naja, die ganze Welt nicht unbedingt, wenn man sieht, was momentan rund um den Globus los ist.
In der Ukraine herrscht Krieg, in so vielen afrikanischen Staaten ist Mord an ganzen Dorfgemeinschaften an der Tagesordnung, der Terrorismus ist wieder in aller Munde und die Chefs der Großbanken ängstigen sich, ob sie das Kleingeld für eine weitere Yacht zusammen kratzen können.
Lasst mich also anders beginnen:
Neuwahlen waren angesetzt und die europäischen Finanzbosse blicken nach Griechenland. Mein Vater, der leider schon seit über dreißig Jahren tot ist, war stets konservativ in seiner politischen Gesinnung, was bedingt war durch sein Elternhaus. Mein Großvater wie auch der Urgroßvater waren Kämmerer in einer griechischen Kleinstadt und mein Vater selbst war Polizeibeamter. Als ich noch jung war und das Revoluzzerblut in mir brodelte, hatten wir hitzige Diskussionen.
Heute diskutieren wir immer noch miteinander, er im Himmel und ich hier, wobei die Themen niemals so heiß wie seinerzeit angefasst werden.
„Alexis Tsipras hat erdrutschartig gewonnen", informierte ich meinen Vater, der mich anlächelte und meinte: *„Gar nicht mal so schlecht für Griechenland. So ein Wechsel ist längst fällig."* „Ja", sagte ich, *„aber seine Forderungen sind doch sehr links orientiert. Warum gehst Du auf einmal so kritiklos an eine Sache ran?"* „Also mein Junge, " fuhr mein Vater fort, *„Du bist jetzt älter als ich es geworden bin, die Begriffe links und rechts sind so dehnbar. Tsipras fordert mehr Unterstützung für kranke Menschen, ist das links? Er fordert Steuern von Allen und nicht nur von den Armen, ist es links? Er will denen, die am Existenzminimum sind, höhere Renten zahlen, ist das links?*

Ist es links, wenn man den europäischen Banken sagt: Stopp, hier ist Griechenland, hört auf uns zu bevormunden? Ist es links, wenn man Menschen auf der Straße sieht, die ein Leben lang gearbeitet haben und betteln, weil sie nichts zum Essen haben? Ist es links, wenn man sagt, wir müssen die Selbstmordrate der Verzweifelten senken? Ist es links, wenn man den Millionären sagt, ihr seid hier zu dem geworden was ihr seid, geht nicht mit Euren Firmen ins Ausland? Ist es links, wenn Schulkinder ohne eine Scheibe Brot zur Schule kommen und hoffen, dass irgendein Schulkamerad sein Pausenbrot mit ihnen teilt? Ist es links, wenn Menschen würdelos in Hinterhäusern an Hunger sterben? Wenn das links ist mein Sohn, dann bin ich ein radikaler Linker!"
Nachdenklich über seine Worte wurde mir bewusst, was mein Vater sagte. Dass Jesus Christus heute auch für links gehalten worden wäre, ist mir bewusst, dass in meinem Geburtsjahr 1953 in London ein radikaler Schuldenerlass für das kriegszerstörte Deutschland eingeleitet wurde, erfuhr ich viel, viel später. Großmut heißt auch Würde und Griechenland bettelt nicht, Griechenland bittet um diese Würde.
Wenn Leute sterben, weil der Strom abgeschaltet wird, ist es eine Schande für jeden Menschen. Jedes Mal sehen wir im Flugzeug die Instruktionen, dass im Falle eines Druckverlustes man sich zunächst selbst die Sauerstoffmaske anziehen soll und dann den Kindern. Wieso versuchen Troika und EZB, sich siebzehn Sauerstoffmasken aufzusetzen und keine den Griechen? Griechenland fordert eine Umstrukturierung der Staatsschulden, damit die Menschen wieder Strom erhalten, damit die Menschen wieder Arbeit finden, damit die Menschen wieder eine Scheibe Brot kaufen können.
Spät in der Nacht rief ich Kostas an, im Hintergrund hörte ich den Ton seines eingeschalteten Fernsehers und vernahm, dass er eine

Wahlsendung eingeschaltet hatte. „Na, wie bist Du mit dem Ergebnis zufrieden?" fragte ich.
Er schaltete den Ton leiser und meinte: „Lieber Gott, wir haben doch nur ein Leben, danke dass ich es als Grieche leben darf."

Im Schuhgeschäft

Sehr oft habe ich darüber gesprochen, wie froh ich bin, dass meine Frau der typischen Frauenkrankheit „Schuhgeschäft" nicht verfallen ist. Viele meiner Geschlechtsgenossen jedoch können ein Lied davon singen.
Durch die Schuh-Kauflust der Ehefrauen müssen einige einen Zweitjob annehmen, manche einen Anbau in der Wohnung tätigen und ganz arme Schweine müssen Privatinsolvenz anmelden.
Ich berichte jetzt von einer Anekdote, die in Heraklion passierte. Für einige Tage war Elke, die Freundin meiner Frau, bei uns zu Besuch. Alles verlief optimal, bis wir an einem Vormittag den Fußweg vom Eleftheria-Platz zum Löwenbrunnen antraten. Personen mit Ortskenntnissen wissen, dass dieser Fußweg maximal zehn Minuten dauert. Wir aber brauchten exakt 44 Minuten, weil Elke die unzähligen Schuhgeschäfte einzeln aufsuchte.
Unser Glück war, dass sie sich die Auslagen nur aus der Vitrine betrachtete. Das so langsame Schlendern machte mich regelrecht müde, so dass ich zwei Tage später, als wieder die Rede davon war, beim Brunnen in einer Cafeteria Loukoumades zu essen, vorschlug, doch mit dem Auto zu fahren. Ich wurde überstimmt und wir gingen zu Fuß, und dieses Mal benötigten wir 50 Minuten. Als der griechische Mokka serviert wurde und die Hefeteigbällchen voller

Honig und Sesamgeruch serviert wurden, kam das Thema auf die Auslagen der Schuhgeschäfte.
Elke meinte, sie wolle am nächsten Tag auch einige Geschäfte von innen ansehen. Ich sagte: gerne, aber nicht mit mir. Sie konterte, dass sie kein griechisch sprechen könnte. Ich erwiderte, dass sie sicherlich nicht mit den Schuhen weltpolitische Themen diskutieren wolle. Auf den Schuhen steht ein Preis, wenn die Schuhe gefallen, der Preis ok ist und diese auch die Anprobe bestehen, zahlt man den Betrag und eine weitere Kommunikation sei nicht nötig.
Elke ging am Folgetag und kam nach über drei Stunden zurück. In der Hand keine Plastiktüte irgendeines Schuhgeschäfts sondern lediglich eine Flasche stilles Wasser. Auf meinen fragenden Blick hin meinte sie, sie hätte kein einziges Paar gefunden, das ihr gefallen hätte. Ich überschlug in Gedanken: zwanzig Schuhgeschäfte mit mindestens jeweils tausend Paar Schuhen ergibt, und ich will nicht übertreiben, weit über zwanzigtausend Schuhe und sie hat nichts gefunden?
Vielleicht bin ich durch die Tatsache, dass meine Frau den Spleen „Schuhe kaufen" nicht hat, sehr gut dran.
Mein Cousin Kostas hat sich später köstlich über diese Geschichte amüsiert und sagte: „Lieber Gott, wir haben doch nur ein Leben, danke dass ich es als Grieche leben darf."

Rezept: Juverlakia

Zutaten:
500 g Hackfleisch vom Kalb oder Rind
½ Tasse Butter
¼ Tasse Reis
1 Ei
1 feingehackte Zwiebel
1 Bund feingehackte Petersilie
Pfeffer, Salz

Zubereitung:
Die Zutaten in einer kleinen Schüssel mischen, den Teig gut durchkneten und kleine runde Bällchen formen. Die Bällchen 1 Stunde im Kühlschrank ruhen lassen. Einen Topf nicht ganz bis zur Hälfte mit Wasser füllen und die Butter zugeben. Etwas Salz ins Wasser geben. Wenn der Sud kocht, die Hackfleischbällchen einzeln ins Wasser geben und kochen, bis sie gar sind.
Für die Sauce:
2-3 Eier
2 Zitronen
1 Tasse Gemüse- oder Fleischbrühe
Die Eier verquirlen und mit Zitronensaft verrühren. Vorsichtig nach und nach die Brühe zugeben. Auf kleiner Flamme erwärmen. Achtung: die Sauce darf nicht kochen.
Die Avgolemono (Eier-Zitronen-Sauce) über die Hackfleischbällchen verteilen.

Wer keine Sauce mag, kann Kritharaki (Reisnudeln) in einen Topf mit Brühe geben, die Hackfleischbällchen dazugeben und das Ganze als Suppe essen --- Lecker!

Mit dem Billigflieger

Auf diversen Internetforen wollten wir uns vor dem Flug nach Thessaloniki schlau machen, nicht was die Stadt und die Leute anbelangt, da kennen wir uns aus, da fühlen wir uns daheim, da werden wir immer gut empfangen. Ich meine hier, was die Fluggesellschaften betrifft. Bedingt durch das sehr schmale Zeitfenster, das uns zur Verfügung stand, wählten wir zum ersten Mal einen Billigflieger aus dem englischen Sprachraum, der durch eine doch hohe Flugfrequenz beeindruckte.
Ok, die Erfahrungsberichte waren nicht unbedingt so verfasst, dass wir bedenkenlos die Reise angetreten sind, aber wir trösteten uns damit, indem wir uns sagten, gegoscht wird überall und immer, wir testen es mal selber aus.
Als Abflugstation war Frankfurt- Hahn angegeben, was das mit Frankfurt zu tun hat weiß ich nicht, Frankfurt liegt über 120 km entfernt. Der Flughafen könnte auch Pumuckl heißen. Bei Wikipedia erfuhren wir dann, dass es ursprünglich ein amerikanischer Militärflughafen war und dass viele Amerikaner Schwierigkeiten hatten, die Namen der benachbarten Gemeinden „Lautzenhausen" und „Büchenbeuren" auszusprechen, weshalb man aus praktischen Gründen den Ort „Hahn" als Namenspaten wählte.
Also fuhren wir 235 km von unserem Wohnort zum Flughafen. Über die offizielle Seite der Fluggesellschaft hatten wir auch für unseren 52- Stundentrip einen überdachten Parkplatz gebucht, Kostenfaktor 33€. Exakt gegenüber von der Scheune, in der unser Auto Unterschlupf fand, hätten wir in einer Hoteltiefgarage die gleiche Leistung für € 15. — erhalten können. Ursprünglich, so war´s zu lesen, hätten wir das Terminal nach 700m erreichen können. Ok, es waren knapp zwei Kilometer, aber wir wollen nicht kleinlich sein.

Wir checkten ohne Handgepäck ein. Unseren Koffer hatten wir abgegeben und dafür für Hin- und Rückflug 90€ bezahlt. Wir waren froh, dass der Nieselregen gerade zu dem Zeitpunkt aufhörte, als ein mit Ostfriesennerz bekleideter Führer uns den Weg über die Startbahn zur Maschine zeigte. Wir wären mit Sicherheit pitschnass geworden, wenn das Boarding fünfzehn Minuten früher gewesen wäre. Direkt an der Treppe zum Flugzeug stand ein pickelgesichtiges Wichtelchen, das später sich als Steward abmühte, das Eröffnungsbalett zu absolvieren. Er selektierte das Handgepäck und die etwas größeren Teile wurden in den Bauch der Maschine verfrachtet. Die Chefstewardess, später stellte es sich heraus, dass sie eine Oberbayerin war, hatte Gummistiefel an und sprach nur englisch. Dass das Essen und Trinken extra kostet, wussten wir und so wunderten wir uns nicht, dass fast kein einziger Passagier später irgendetwas trank oder verspeiste. Das enttäuschte mich ein klein wenig, weil ich mich sonst immer köstlich amüsiere, wenn im Flugzeug fast jeder Tomatensaft bestellt.

Wir hatten uns vorher auch ein Priority Ticket gelöst, was Beinfreiheit bedeutet und das für die Fluggäste in den ersten zehn Reihen ausgestellt wurde. Die Sitze waren jedoch so schmal, dass man, wenn man nicht unbedingt ein Hering ist, zwar durch sein Eigengewicht Platz nimmt, das Aufstehen jedoch Schwierigkeit bereitet, weil man in den Sitzen eingeklemmt ist. Wie auch immer fiel mir der Vergleich mit einer Sardinenbüchse ein und ich gelobte, mir im Supermarkt einen Sardinenbüchsenöffner zu besorgen, um die armen Sardellen zukünftig vom Los des Eingesperrtseins befreien zu können.

Dass die Bordtür sich erst nach dem fünften Versuch schloss, möchte ich der Unerfahrenheit meines Stewards zugute schreiben. Erfahren und clever jedoch erwies er sich später, als wir hoch über den Wolken waren und er tatsächlich Rubbellose verkaufte, wobei alles an diesem Tag 10% günstiger war. Nachdem er seine Lose nicht los bekam, versuchte er, Parfüms an den Mann/die Frau zu bringen. Es versteht sich natürlich mit einem Nachlass von 10%. Dann machte er erneut seine Runde. Diesmal waren es wieder Rubbellose, die wie aus Zauberhand nur noch die Hälfte kosteten. Ich erinnerte mich an die Verkaufsfahrten, die früher meine Mutter mitmachte. Es war wirklich amüsant und interessant, wie die vier, ja tatsächlich vier Flugbegleiter, sich eine Beschäftigung suchten, da die Passagiere nicht sehr einkaufswillig waren. Sie fanden sie: ohne Scheiß, zwei der netten, zwar weniger hübschen aber dafür jungen Damen saßen auf ihren Notsitzen und falteten Toilettenpapier! Ich fragte meine Frau, ob sie dieses Papier vorher oder nachher noch bügeln, doch sie gebot mir, etwas mehr Respekt vor dieser doch sehr anspruchsvollen Arbeit zu haben.

Dann kam unsere Gummistiefel- Lady und meinte, dass wir gleich mit dem Landeanflug beginnen werden, merkte sehr bald, dass sie deutsch sprach und schaltete sofort wieder auf Oxford- Englisch um. Ich bekreuzigte mich, als wir landeten. Verspannt, steif, verkrampft und hölzern hievte ich mich hoch und verließ die Maschine. Der Gedanke, keine fünfzig Stunden später wieder so zurück fliegen zu müssen, ängstigte mich, aber es würde ja ein neues Jahr beginnen und wer weiß, vielleicht würde alles ganz anders kommen. Als wir im Flughafen waren, rief ich Kosta an und berichtete vom Flug.

Er meinte lapidar: „Lieber Gott, wir haben doch nur ein Leben, danke dass ich es als Grieche leben darf."

Rezept: Kotopoulo me Patates sto fourno

Hähnchen mit Kartoffeln auf dem Backblech

Zutaten für 4 Portionen:
1 Hähnchen
1,5 kg Kartoffel
Salz, Paprika, nach Bedarf Olivenöl
Nach Wunsch Zitronensaft und Oregano

Zubereitung:
Das Hähnchen vierteln, waschen und trocken tupfen, Innereien entsorgen.
Die Kartoffel schälen und in dünne Scheiben schneiden, waschen und mit einem Küchentuch abtupfen.
Das Backblech mit Olivenöl einpinseln. Kartoffel einschichten, mit Paprika und Salz und nach Wunsch Oregano bestreuen. Darauf die Hähnchenteile, ebenfalls mit den Gewürzen bestreut, legen.
Die Hähnchen mit Olivenöl einpinseln, über das Ganze nach Wunsch Zitronensaft träufeln.
Das Blech in den Backofen geben und ca. 1,5 Stunden bei 160 Grad garen.

Marktstraße in Heraklion im Wandel der Zeit

Die Outtakes

Ein Outtake ist ein Teil eines Films, der bei der Aufnahme entstand, aber nicht zu der offiziell veröffentlichten Fassung gehört. Diese Takes werden dann mitunter auf Film-DVDs als Sonderbeigabe mitgeliefert, meist zeigen sie Versprecher oder Pannen. Outtakes sind häufig humorvolle Teile des gefilmten Materials. Manchmal kommt es jedoch vor, dass die Szene aufgrund einer Panne nicht verwendet werden kann, die zu einer humorvollen Situation führt – z. B. ein Versprecher. Dieses Material wirft man nach dem Schnitt nicht weg, sondern behält es, eben als Outtake.
Es war mir immer ein Bestreben, bei meinen Geschichten Tatsächliches und leicht Verfremdetes aus dem Leben wieder zu geben. Wer über sich selbst lachen kann, ist ein glücklicher Mensch, und da ich ein glücklicher Mensch bin, versuche ich, die Geschichten mit einem Schuss Nachdenklichkeit oder manchmal Ironie zu versehen. Das Leben ist doch so vielschichtig.
Aus einigen kleinen, nicht abendfüllende Episoden der letzten Zeit sind keine Geschichten entstanden, und als wir neulich bei Thomas in Gondelsheim saßen, wunderbar Gegrilltes aßen und uns den Retsina schmecken ließen, meinte meine Frau, ob ich nicht eine kleine Zusammenfassung dieser „Outtakes" machen wollte. Hier sind sie also:

Outtake 1: Flug Frankfurt- Heraklion Ostern 2015. Vor wenigen Wochen war das schreckliche Unglück der Germanwings-Maschine in den französischen Alpen passiert. Wir hatten Athen schon hinter uns gelassen, als der freundliche und der Stimme nach überaus kompetente Pilot eine Durchsage machte: In Heraklion würden sehr starke Seitenwinde herrschen und es sei nahezu unmöglich, dort zu landen. Er würde versuchen, in Chania zu landen,

aber wenn die Wetterverhältnisse dort ähnlich wären, müssten wir zurück nach Athen.
Erbarmen! Es war Karfreitag, unser großes Fest musste noch im Detail geplant werden. Der Großeinkauf sollte noch erledigt werden (die Supermärkte hatten ja bis 18:00 Uhr geöffnet) und wir in Chania oder schlimmer noch in Athen! Das Mietauto wartete am Flughafen Heraklion. Ok, der Autovermieter unseres Vertrauens hätte uns sicherlich auch ein Auto nach Chania geliefert und wir wären nach knapp 2 Stunden in Heraklion, aber Athen wäre eine kleine Katastrophe gewesen. Womöglich hätte sich der Windgott nicht gnädig stimmen lassen und wir wären dort festgesessen. Ostern 2015: Niko und Helga in Athen!
Kurz vor Heraklion sagte der Kapitän: „Vor uns hat es gerade eine Airberlin-Maschine geschafft, zu landen. Wir versuchen das jetzt auch."
Nach einer überraschend sanften Landung kamen wir in Heraklion an. Als wir ausstiegen, stellten wir fest, was für ein Könner der Pilot war, denn es wehte uns fast von der Gangway. Kostas, der uns wie immer am Flughafen begrüßen wollte und gerade im Begriff war, zu gehen, wunderte sich, uns zu sehen, da auf der Anzeige in der Ankunftshalle zu lesen war, dass die Maschine nach Athen umgeleitet werden würde.

Outtake 2: Marktgasse Heraklion, abends 21:00 Uhr.
Jeder der ortskundig ist, kennt die kleinen Tavernen mit ihrem ganz besonderen Flair. Also sagten wir uns, wir setzen uns mitten im Trubel an einen schönen Ecktisch, um den Altersdurchschnitt der Gäste etwas in die Höhe zu treiben. Um uns herum waren lauter junge Menschen, lass den ältesten 25 Jahre alt sein. Später erfuhren wir – wir hörten es auch-, dass dort nach 22:00 Uhr eine

ohrenbetäubende Hiphopmusik gespielt wird. Die Jugend von Heraklion trifft sich dort. Wir also mittendrin. Zu viert warfen wir gute 220 Jahre in die Waagschale.
Wir trösteten uns damit, dass wir mit Vorfreude auf das Essen warteten und ignorierten die immer lauter werdende Musik. Das Essen kam. Meine Frau, Monika und Werner freuten sich ihres Lebens, weil sie auch das erhielten, was sie bestellt hatten. Ich freute mich zunächst auch, bis ich in das zweite Lammkotelett biss und das Abgebissene gekonnt in einer Serviette ausspuckte. Ich mach es kurz: Es war ein Stück Hähnchen, das sich auf meinen Teller verflogen hatte und sich unter den Paidakia versteckt hatte. Wer meine Vorliebe für Lammkoteletts kennt, kann meinen Schreck verstehen. Als die Teller abgeräumt wurden und ich auf die Frage des Kellners, ob das Essen zur Zufriedenheit gewesen wäre, sagte ich, das Lamm sei köstlich gewesen, aber meine Geschmacksnerven wären nicht auf Hähnchen eingestellt. Dann passierte Folgendes: innerhalb von Sekunden war mein Teller abgeräumt, man fragte mich, ob ich etwas anderes haben wollte, ich verneinte (war doch längst satt), eine riesige Obstschale wurde gebracht, eine Karaffe mit Tsikoudia und ein weiterer Teller mit Süßigkeiten. Ich denke, das Preis-Leistungsverhältnis hatte an diesem Abend gestimmt.
Fleisch ist ein Stück Lebenskraft!

Outtake 3: Heraklion Innenstadt.
Wie mehrfach berichtet, haben sich Mitte April einige Erdbeben rund um Kreta ereignet:
"Seit Sonntagabend haben sich in der Meeresregion vor Kreta mittelstarke Erdbeben ereignet. Das erste hatte eine Stärke von 4,8 auf der Richterskala und

ereignete sich um 23.00 Uhr zwischen den Inseln Santorin und Kreta. Das zweite ereignete sich am Montagmittag. Das Epizentrum befand sich 79 Kilometer nordöstlich von Heraklion auf Kreta. Dieses hatte eine Stärke von 3,5 auf der Richterskala. Verletzte oder Sachschäden gab es keine."

Das erste Beben erlebten wir im Hof, einige liebe Freunde waren da und zum Feiern haben wir schließlich immer einen Grund. Wenn uns keiner spontan einfällt, dann hat irgendein Prominenter Geburtstag. Auf einmal schaut mich mein Schwager Werner fragend an, nein die Retsinaflasche war dieselbe wie die drei zuvor, meine Frau stand bewegungslos da, Kostas war auf seinem Stuhl zur Salzsäule erstarrt und Vassilis kroch in sich zusammen. „Sismos" (Erdbeben) sagte Kostas. Meine Frau und Werner sagten gleichzeitig. „Ich hab's gespürt." Sicherlich sind hier die geschwisterlichen Gene ähnlich strukturiert. Ich spürte nichts. Am Folgetag ein ähnliches Bild. Wir saßen beim Mittagessen. Vassilis ließ die Gabel fallen, Kosta schaffte es, seinen stark muskulösen Körper in Zehntelsekunden hochzuhieven. Meine Frau und Werner wiederholten den fragenden Blick des letzten Abends, nur ich war wieder einmal der Coolste.

Vielleicht dachte ich über den Naturphilosophen Thales von Milet nach, der um 600 vor Chr. lebte. Er glaubte, die Erde würde wie ein schaukelndes Schiff auf dem Wasser schwimmen. Bei unruhigem Wasser komme es zu einem Beben. Und wer sagt uns, dass nach reichlichem Retsina-Genuss unser Körper nicht auch schaukelt.

Outtake 4: Heraklion Innenstadt.
Auf den Dächern Heraklions thronen die Wasserbehälter aus Blech. Wasser wird in der Regel in den Privathaushalten in der Mittagszeit abgestellt. Dank dieser Behälter jedoch, die mit Hilfe von Pumpen oder sonstiger Regeltechnik täglich befüllt werden, ist Wasserknappheit kein Thema.
Jetzt sollte ich sagen, wäre Wasserknappheit kein Thema, wenn nicht…

- die Pumpe am Vortag nicht eingeschalten worden wäre, da die Automatik defekt war und man diese manuell einschalten musste
- der Motor der Pumpe am Tag darauf den Geist aufgegeben hätte
- Eleni 4 -in Worten: vier- Waschmaschinen Wäsche gewaschen hätte
- in dieser Woche nicht wie sonst vier, sondern acht Leute in dem Haus gewohnt hätten.

Kurz und bündig, wir hatten für 36 Stunden kein Wasser. Kostas, gar nicht dumm, stieg auf das Dach der Tante Filareti und stibitzte Eimer für die Benutzung der Toilette. Zwei für seine Familie und zwei für uns. Aber es war viel zu wenig. Ok wir hatten noch einen Vorrat von 10 eineinhalb-Liter-Flaschen stilles Wasser, man gönnte sich ja sonst nichts, als mit Zagori-Wasser die Toilette nachzuspülen.
Was zunächst lustig erschien, wurde zu einer Kraftprobe der Beherrschung, weil ausgerechnet an diesem Tag mein Schwager Werner wie auch ich Magen-Darm-Probleme hatten und die Toilette öfters besuchten. Inzwischen hatten wir offiziell von Tante Filareti zwei weitere Eimer Wasser geholt, aber bei weitem nicht genug.
Am Nachmittag, ich hatte wieder eine Besprechung im Badezimmer abgehalten, vermisste ich Werner. Er wäre in die Stadt hieß es, aber kaum redet man von einem, Schwupps ist er da. Monika grinste, meine Frau schmunzelte und sie fragten ihn, wo er

denn gewesen wäre. Werner meinte daraufhin, er hätte sein bestes Lassiter-Western-Englisch benutzt, das hätte zum Kaffee bestellen und nach dem Weg zur Toilette fragen gereicht. Jetzt soll einer behaupten, dass Trivialliteratur niemandem nützt. Kostas erschien am Fenster und meine: Gott wir haben doch nur ein Leben, danke dass ich es als Grieche leben darf.

Rezept: Hackfleischbällchen mit Kartoffeln

Zutaten:
500 Gramm gemischtes Hackfleisch
2 Kilo Kartoffeln
1 gehackte Zwiebel
1 Tomate gerieben
4 Esslöffel Olivenöl
2 Scheiben altbackenes Brot eingeweicht und ausgedrückt
2-3 Basilikum Blätter
Oregano
Salz
Pfeffer
Saft von 2 Zitronen

Zubereitung:
Das Gehackte mit den Zutaten gut verkneten. Man kann je nach Geschmack dem Gemisch 1 Esslöffel Hirse und 1 Esslöffel Wasser zugeben. Mittelgroße Bällchen formen. Die Kartoffel schälen und in große Stücke schneiden. Pfeffern, salzen und auf einem Blech ausbreiten. Auf die Kartoffel die Hackbällchen legen und mit Zitronensaft begießen. Bei 180 Grad im vorgeheizten Backofen goldbraun backen

Flughafen Heraklion

Platia Elftherias

Rezept: Flogeres
Röllchen mit Mizitra

Zutaten:
750 gr. frischen Mizithrakäse
2 Esslöffel Zucker
2 Esslöffel Honig
4 Esslöffel geschmolzene Butter
1 Esslöffel Maismehl
4 Esslöffel Milch
Geriebene Zitronenschale
2 Eier
½ Kilo fertigen Filo
Maismehl zum Einpinseln der Blätter
Zimt zum Überpudern
Für den Sirup:
2 Tassen Zucker
1 ½ Tasse Wasser
1 Teelöffel Zitronensaft

Zubereitung:
Den Käse in einer Schüssel mit einer Gabel zerbröseln. Das Maismehl in Milch verrühren und zum Käse geben. Die Eier, 2 Esslöffel Zucker, den Honig, die geschmolzene Butter, die Zitronenschale und den Käse mit dem Mehl gut verrühren, damit sich alle Zutaten gut verbinden.
Die Filoblätter von der Breite aus halbieren. Ein Blatt nehmen, zur Hälfte einölen und die nicht eingefettete Hälfte darüber klappen und wiederrum einfetten.
1 Löffel der Masse auf die Mitte des einen Blattendes geben und das Blatt rechts und links nach innen einrollen. Diese Rollen auf ein Backpapier geben und im vorgeheizten Backofen bei 180 Grad leicht goldbraun werden lassen.
Den Sirup zubereiten und die noch heißen Röllchen in den lauwarmen Sirup eintauchen.
Mit Zimt überpudern.

Eine deftige Variante: Blätterteig mit gekochtem Schinken und Käse belegen und einrollen.

Unterschriftensammlung

Vor kurzem haben wir die Bilder so vieler Toten gesehen, die wie Müll im Mittelmeer treiben. Ihre schwimmenden Särge sind entweder überladen oder alt und morsch, meistens jedoch beides. Sie werden von Menschenschmugglern und Menschenverächtern nach Zahlung von zigtausend Euro ihrem Schicksal überlassen. Man sieht es im Fernsehen oder liest es in der Zeitung und innerlich weiß man, Italien oder Griechenland, wo diese Menschen, wenn sie etwas Glück haben, lebendig landen, ist weit weg. Und fremder Schmerz bleibt fremd.
Wir nehmen unser Abendbrot ein, trinken unser Bier, während in der Tagesschau die Berichte laufen. „Die sind aber arm dran", sagt man, um dann wieder zur Tagesordnung überzugehen.

Am Tag vorher haben wir gelesen, dass diese überladenen Boote sogar in Paleochora von den Hafenbehörden angeschleppt werden. Schon etwas näher, dieser Schmerz. Während ich wieder ansetze, den letzten Rest meines Bieres zu trinken, läutet es an der Tür. Unsere Nachbarin Erika war gerade bei uns und wollte gehen. „Warte", sagte ich, „mal schauen, wer da ist." An der Tür standen zwei andere Nachbarn von uns. Wir wohnen in einem Hochhaus in einer kleinen Gemeinde im Süden Deutschlands. Wir kannten uns vom Sehen und einem flüchtigen „Guten Tag".
Ich bat die zwei herein und sie erzählten uns, dass sie eine Unterschriftensammlung veranstalten. Nach dem Grund gefragt sagten sie, dass der Enzkreis, in dem wir wohnen, alle Gemeinden angeschrieben hat, um geeignete Übergangswohnheime für Asylanten zu benennen. Da unsere Gemeinde eine neue Turnhalle hat, steht die alte seit geraumer Zeit leer, und diese leer stehende Halle soll umgebaut werden, damit Platz geschaffen wird für bis zu dreißig Flüchtlinge. „Wir wollen in unserer Gemeinde keine Flüchtlinge", sagten die beiden und als Erklärung schoben sie nach, diese alte Turnhalle sei ja in der Nähe der Grundschule und ihre Kinder seien dann nicht mehr sicher.
Die Frau hielt mir die Liste zur Unterschrift hin. Das Klemmbrett, auf dem die Liste befestigt war, stammte optisch schon nicht aus heimischen Gefilden. Zwar kann ich griechische Buchstaben lesen, aber die russische Schrift weicht stark ab. Und auf diesem Klemmbrett stand etwas für mich Unleserliches auf Kyrillisch. „Ich werde nicht unterschreiben", sagte ich zu unserem Besuch. Meine Frau wie auch Erika stimmten mir zu. „Ich werde Euch auch sagen, warum. Schaut mal, vor knapp zehn Jahren gingen Leute von Haus zu Haus und haben sich dafür stark gemacht, dass Menschen aus dem Ostblock (beide Unterschriftensammler sind Russland-stämmige) kein Gemeindeland kaufen

dürfen. Man hatte Angst davor, dass die Bevölkerung durch Aussiedler aus Russland oder der Ukraine unterwandert wird. Hättet Ihr damals unterschrieben?" Beide schauten mich verwundert an. „Würdet Ihr unterschreiben, wenn es heißen würde, dass alle, die nicht im Enzkreis geboren sind, zurück müssen in die Breitengrade ihrer Geburtsstadt?" „Das ist etwas anders", sagte der Mann. Und auf meine Frage, was „Anders" sei, wusste er keine Antwort.

„Ich freue mich immer, wenn Menschen Eigeninitiative ergreifen", fuhr ich fort. „Aber diese Unterschriftensammlung kann von mir nicht unterstützt werden. Lasst mich Euch jedoch ein Zitat von dem evangelischen Pfarrer Martin Niemöller nennen:

- „Als die Nazis die Kommunisten holten, habe ich geschwiegen; ich war ja kein Kommunist.
- Als sie die Sozialdemokraten einsperrten, habe ich geschwiegen; ich war ja kein Sozialdemokrat.
- Als sie die Gewerkschafter holten, habe ich geschwiegen; ich war ja kein Gewerkschafter.
- Als sie mich holten, gab es keinen mehr, der protestieren konnte."

Später, kurz bevor ich Kostas anrief, las ich „......das Sammeln von Unterschriften ist eine politische Aktionsform. Das Ziel solcher Aktionen ist es, auf Missstände aufmerksam zu machen, die nach Auffassung der Unterschriftensammelnden von Entscheidungsträgern nicht ausreichend wahrgenommen werden."

„Dieses ist absolut richtig", sagte ich später zu Kosta, aber nicht auf Kosten der Menschlichkeit und der Barmherzigkeit. „Du hast Recht", sagte er daraufhin. „Gott wir haben doch nur ein Leben, danke dass ich es als Grieche leben darf."

Gedanken am Löwenbrunnen

„Ich will mich nicht für Dieses oder Jenes entscheiden. Ich will das Richtige tun, " sagte der Mann zu seiner Frau, die neben uns an einem kleinen runden Tisch saßen und sich ihren Frappe in einem kleinen Café neben dem Löwenbrunnen in Heraklion schmecken ließen.
Meine Frau und ich sprachen griechisch miteinander, so dass die beiden, mit einem deutlichen schwäbischen Akzent behaftet, sich zwanglos und nicht gerade leise unterhielten und wir dieses Zwiegespräch mit anhören mussten. Beide waren Griechenland-Fans, das erkannten wir sehr bald, nachdem sie über das Diktat der EZB und sonstigen wirtschaftlichen Institutionen herzogen.
Der Morosinibrunnen [auch Löwenbrunnen], erbaut 1628 auf der von zahlreichen Straßencafés umgebenen Platia Venizelou, bildet das Herz der Stadt. Der aus acht reliefgeschmückten Wasserbecken mit einer von vier steinernen Löwen getragenen Wasserschale in der Mitte bestehende Brunnen wurde über ein 15 km langes Aquädukt aus den Quellen von Archanes gespeist. „Der Druck auf Merkel wächst, das hört man zurzeit fast jeden Tag", sagte die Frau. „Sie ist so flach wie eine Flunder, ihr macht der Druck nichts mehr aus", erwiderte der Mann. „Hör mal", sagte sie, „ich lese Dir einen Absatz vor":
Der BND soll dem US-Geheimdienst NSA jahrelang geholfen haben, Ziele auch in Europa auszuforschen. Es geht dabei um große Datenmengen, die der BND an seiner Abhörstation in Bad Aibling abgreift und die die NSA nach europäischen Unternehmen und Politikern durchforstet haben soll. Nach Informationen der Süddeutschen Zeitung, dem NDR und WDR nutzte die NSA die BND-Abhörstation auch zum Ausspähen hochrangiger Beamter des französischen

Außenministeriums, des Élysée-Palastes in Paris und der EU-Kommission in Brüssel.
In Bad Aibling belauscht der BND internationale Satellitenkommunikation, angeblich vor allem aus Krisenregionen wie Afghanistan oder Somalia. Es ist aber nicht ganz klar, was dort tatsächlich alles abgefischt wird. BND und NSA vereinbarten vor Jahren, dass die Amerikaner nach bestimmten Suchmerkmalen (Selektoren) Zugriff auf diese Daten bekommen – zur Terrorbekämpfung und unter Einhaltung deutscher Interessen. Die Amerikaner hielten sich aber wohl nicht an diese Vereinbarung, sondern nutzten die Daten keineswegs nur für den Kampf gegen den Terror, sondern möglicherweise auch zur Wirtschaftsspionage und für andere Zwecke, die deutschen und europäischen Interessen zuwiderlaufen (Quelle dpa)".
Sie trank einen Schluck Kaffee, ließ ihren Blick um den Platz streifen und atmete lauthals aus. „Da wird das eigene Volk als dumm verkauft, da spioniert man gegen die einheimischen Unternehmen und keiner geht auf die Barrikaden. Man schafft dabei Nebenkriegsschauplätze, schimpft auf die faulen Griechen und alle zwei Wochen werden die ‚Großen Worte' ausgepackt. Es wird ermahnt, gewarnt und gedroht und die Blicke in erster Linie der Leser von Boulevard-Zeitungen werden größer und man singt das Lied vom Grexit.
Der Mann wischte sich einige Schweißtropfen von der Stirn. „Ich habe gestern von Antonis einen Witz gehört, warte, vielleicht bekomme ich den noch zusammen: Also ein Bankier, ein Bild-Zeitungs-Leser und ein Grieche sitzen an einem Tisch. Mittendrin steht ein Teller mit zwölf Keksen. Der Bankier schnappt sich elf davon und sagt dann zum Bild-Zeitung Leser: ‚Pass auf, der Grieche will deinen Keks."
In diesem Moment musste ich lauthals lachen und dem Mann wurde schnell klar, dass wir ihn verstanden hatten. Ich nickte ihm zustimmend zu. In

der Zwischenzeit war der Kellner gekommen, dem wir vor einiger Zeit zugewinkt hatten, dass wir zahlen wollten. Er kassierte und das Paar am Nebentisch rief ihm auch zu. Der Kellner winkte ab und zeigte auf uns. „The bill is already paid".

„Vielen Dank", sagte der Mann, „sehr freundlich von Ihnen". In der Zwischenzeit waren wir aufgestanden. „Kein Thema", sagte ich. „Erlauben Sie mir jedoch, Ihren Satz: Ich will mich nicht für Dieses oder Jenes entscheiden, ich will das Richtige tun, zu verwenden."
„Wenn das auch unsere Politiker, egal wo auf der Welt machen würden, hätten wir viele Probleme weniger", sagte die Frau. Meine Frau ergänzte: „Vielleicht hätten wir dann keine Politiker".
Am Nachmittag kam Kostas zu uns in den Hof und wir berichteten über diese Begegnung. Er meinte: Lieber Gott, wir haben doch nur ein Leben. Danke, dass ich es als Grieche leben darf.

Rezept: Gigantes

Zutaten für 4 P.:
350 g große weiße getrocknete Bohne
1 Bund Suppengrün
1 kl. Dose geschälte Tomaten
350 ml Fleischbrühe
1-2 Zehen Knoblauch
5 EL Olivenöl
1-2 Zwiebeln
Salz, Pfeffer, Oregano, Zucker

Zubereitung:
Bohnen über Nacht in Wasser einweichen (1 Msp. Natron im Wasser macht die Bohnen bekömmlicher). Suppengrün würfeln, Zwiebel und Knoblauch klein hacken, Tomaten pürieren. Zwiebel und Knoblauch in Olivenöl anschwitzen, Suppengrün, pürierte Tomaten und Fleischbrühe zugeben. Die Bohnen dazugeben. Im geschlossenen Topf ca. ½ Stunde köcheln, bis die Bohnen gar sind. Sollte zu viel Flüssigkeit im Topf sein, diese im offenen Topf einkochen lassen, bis eine dicke Tomatensauce entsteht.
Mit Salz, Pfeffer, einer Prise Zucker und Oregano abschmecken
Kann als Vorspeise oder auch als Hauptspeise z.B. mit Reis gegessen werden.

Manolis aus Ierapetra

Ierapetra im Südosten Kretas ist die südlichste Stadt Europas und liegt an der schmalsten Stelle Kretas: Von der Süd- bis zur Nordküste sind es hier nur 12 Kilometer Luftlinie. Zusammen mit den

angeschlossenen Vororten leben hier gut 25000 Menschen. Ich gebe zu, dass ich über diese Stadt nicht viel wusste, durch Bekannte hatte ich erfahren dass sehr viele Deutsche in und um Ierapetra wohnen und das war auch alles. Da meine Frau nie ohne ihren geliebten Reiseführer wegfährt, habe ich mich ein klein wenig eingelesen, z.B. dass die Stadt in der Antike den Namen Hierapytna trug, die Blütezeit dauerte bis zur Eroberung 67 v. Chr. durch die Römer.
Bei der Eroberung durch die Araber 824 wurde die Stadt schwer zerstört, seit dem 16. Jahrhundert trägt sie den heutigen Namen Ierapetra. 1798 soll Napoleon Bonaparte auf seinem Feldzug nach Ägypten in Ierapetra Station gemacht haben. Das Haus, in dem er damals übernachtete, wird heute noch gezeigt. Sehenswert sind in Ierapetra das venezianische Kastell von 1626, und die Agios-Georgios-Kirche.
Die Fahrt von Heraklion dauert ca. 90 Minuten und da die Sonne sich schon von ihrer besten Seite zeigte, parkten wir in der Nähe des Hafens. Über die Straße war ein kleiner Laden und ich sagte, ich würde kurz rüber gehen um zwei Flaschen Wasser zu holen. Ich ging hinein, stellte aus dem Kühlschrank eine Flasche Wasser und eine Zitronenlimo an den Tresen doch keiner war da. Schon wollte ich eine Zweieuromünze hinlegen, da erschien ein Mittfünfziger und strahlte mich an. „Ise Anglos (Bist Du ein Engländer)?" fragte er mich. Ich erwiderte dass ich ein Einheimischer aus Heraklion wäre, der jedoch seit über 50 Jahren in Deutschland lebt. Er machte mit der Hand eine abwertende Bedeutung. „Heraklion" sagte er, „Heraklion, die haben doch keine Ahnung vom Raki." „Das weiß ich nicht", sagte ich, „ will lediglich hier das Wasser und die Limonade." „Und keinen Raki?" „ Ist etwas zu früh", antwortete ich. „Für Raki ist es niemals zu früh" und schwuppdiwupp schenkte er in einen Plastikbecher einen ordentlichen Schluck ein. Voller

positiver Erwartung meines Urteils strahlte er mich an. „Ich bin Manolis", sagte er, „wie heißt Du?" Ich brauchte einige Augenblicke, bis das brennende Getränk mir die Luft zum Atmen erlaubte. „Ich heiße Niko, aber das hier ist ein richtiges Feuerwasser." Kaum ausgesprochen schlug er mir (für ihn liebevoll, für mich deutlich kräftiger) auf die Schulter, wobei er fast gleichzeitig die Becher noch einmal füllte. „Stop Manolis," sagte ich, „ ich muss noch fahren." „Ach was, hier ist Kreta". Wir erhoben die Becher und ich sah, wie auf der Straße gegenüber meine Frau mir freundlich zulächelte. Ich zahlte die Getränke und Manolis füllte zum dritten Mal die Becher. „Jetzt trinken wir auf unsere Freundschaft" sagte er, und da ich ihn nicht beleidigen wollte, trank ich auf Ex und versprach, nach dem Spaziergang durch Ierapetra noch einmal vorbei zu schauen. Deutlich vom Raki schwerelos ging ich auf die andere Straßenseite und reichte meiner Frau die Wasserflasche. „Wie heißt Dein neuer Freund?" fragte sie mich. „Wen meinst Du?" erwiderte ich. „Da drüben den Mann, den Du zum Abschied so innig umarmt hast, nachdem Du das Wasser gekauft hast." Ich konnte mich wirklich nicht daran erinnern, Manolis tatsächlich umarmt zu haben, ich hatte ja drei Raki getrunken. Meine Frau meinte später, als wir das Mittagessen in einer Hafentaverne genossen, sie hätte mindestens fünf Raki gezählt, die mir der Minimarktbesitzer eingegossen hatte.
Ierapetra ist wirklich eine Reise wert, aber wenn ich das nächste Mal dorthin fahre, dann werde ich mit Sicherheit wo anders parken.
Kostas meinte dass es viele Manolis auf Kreta gäbe und das er nur ein Leben hätte und froh sei es als Grieche leben zu dürfen.

Rezept: Stifado

Zutaten (3 Port.):
500 g Rinderschmorbraten (geht auch mit Kalb- oder Lammfleisch)
20 g Butter
1/8 l Rotwein
1 D. Tomatenwürfel
2 EL Tomatenmark
1/8 l heißes Wasser
1 El Olivenöl
2 Zwiebeln
Knoblauch
Auf Wunsch ½ Tl Zimt
Oregano, Pfeffer, Salz
2 El Petersilie

Zubereitung:
Das Fleisch in 5 cm große Würfel schneiden. In einem Schmortopf Butter zerlassen und das Fleisch

von allen Seiten braun anbraten. Zunächst tritt Fleischsaft aus. Sobald der Saft verkocht ist, wird das Fleisch braun. Die Hälfte vom Rotwein angießen. Gehackte Tomaten mit Saft und Tomatenmark zufügen. Kochendes Wasser zugießen. Deckel auflegen und bei mittlerer Temperatur 10 min. schmoren. In einer beschichteten Pfanne Olivenöl erhitzen. Zwiebeln würfeln, Knoblauch zerdrücken und beides im Olivenöl glasig dünsten. Dann zum Fleisch geben. Mit Oregano, Pfeffer und Salz (ggf. noch Zimt) würzen. Stifado zugedeckt bei schwacher Hitze ca. 1,5 Std. schmoren lassen, bis das Fleisch sehr zart ist. Kurz vor Ende der Garzeit den restlichen Rotwein zufügen. Mit gehackter Petersilie garnieren. Stifado mit Kritharaki-Nudeln oder einfach nur frischem Weißbrot servieren.

Arbeiterwohnungen in Heraklion

Mitten in Heraklion unweit der Kirche des heiligen Georg und dem neuen Friedhof ist Ende der neunziger Jahre eine neue Arbeitersiedlung entstanden. Eine Berechtigung, sich für eine dieser 82 Wohnungen zu bewerben, hatten 1245 Familien, die nachweislich mindestens zwei Kinder und eine bestimmte Anzahl von Jahren bei der Sozialversicherung einbezahlt haben mussten. Die Wohnungen wurden nicht in unserem Sinne verkauft oder vermietet, sondern man erwarb die Wohnung und hat dann fünfundzwanzig Jahre Zeit, den Kaufpreis abzustottern. Die Höhe der monatlichen Zahlung richtet sich nach dem Familieneinkommen. In der Turnhalle des zweiten Gymnasiums waren nun mindestens ein Repräsentant jeder der Familien und eine Kommission der Stadt Heraklion anwesend. Der Bischof segnete die Lostrommel und jeder der Bewerber konnte sich ein Täfelchen mit einer Nummer aussuchen die auf einem großen Tisch stapelten. Der, der zuerst kam hatte natürlich eine größere Auswahl, wobei das Losglück niemand beeinflussen kann.

Diese Geschichte erzählte uns Nikos, einer der Bewerber, der wie seine Frau inzwischen arbeitslos ist. Zwei wunderbare Kinder, 12 und 10, gehören noch zum Haushalt. Wir besuchten die Neratzakis-Familie, weil wir durch unseren Kretahilfeverein erfuhren, dass die beiden sich ehrenamtlich für andere Familien, ebenfalls arbeitslos, kümmerten.

Als wir für fünf Minuten vorbei schauen wollten, wurden daraus zwei Stunden, weil die Familie gerade am Mittagstisch saß und wir natürlich mitessen mussten. Aufgetischt wurde, was der Kühlschrank hergab. Linseneintopf, dazu rote Beete und Tomatensalat. Ich, der was Essen anbelangt, eher von einem anderen Stern komme, stolperte mit meiner Gabel über den Tomatensalat. Wir hätten soeben gegessen, logen wir, aber wir trinken ein Glas Wasser mit Euch.

Dann erzählte uns Niko die Geschichte mit der Wohnung.

Also nachdem jeder saß und die Spannung nicht auszuhalten war, wurde die Lostrommel mit den Zwillingslosen bestückt und Kinder des Gymnasiums zogen Nummer für Nummer. Nikos bekam für seine Familie das Los mit der Nummer 685. Diejenigen, die das Glück hatten, dass ihre Nummer gezogen wurde, kamen nach vorne, zeigten die Berechtigung, die sie zuvor beantragt hatten und wurden auf einer Liste den jeweiligen Wohnungen zugeteilt. Es waren 10 Häuser, acht davon mit 8 Wohneinheiten und zwei mit neun Wohneinheiten. Nikos erzählte, dass schon achtzig Wohnungen vergeben waren und man dabei war, die letzten zwei Nummern zu ziehen. Er

meinte, da hätte er nur gebetet: Lieber Gott, wenn es Menschen gibt, die die Wohnung nötiger haben als wir, dann lass sie Glück haben, wenn jedoch nicht, dann lass es zu, dass die Nummer 685 gezogen wird. Sein Beten wurde jäh unterbrochen, als eine laute Stimme „685" rief.
Jetzt, einige Jahre später, hat sich die Situation geändert. Die Bewohner der Siedlung sind keine Arbeiter mehr, sondern Arbeitslose. Nikos erzählte, dass es in dem Haus, indem sie wohnen, zwei Familien gibt, deren Strom abgestellt wurde, weil sie diesen nicht zahlen konnten. Man hilft sich mit Verlängerungskabeln, aber wie lange. Es war die Zeit kurz vor Ostern und wir waren froh, wenigstens mit ein paar Lebensmittelpaketen einigen dieser Familien eine kleine Freude bereitet zu haben.
Kostas meinte später: Lieber Gott wir haben doch nur ein Leben, danke dass ich es als Grieche leben darf.

Streifzug durch Heraklion mit Elke und Dietmar

Es war kurz vor 21:00 Uhr, als das Telefon läutete und Dietmar anrief. Dietmar und seine Frau sind sehr alte Bekannte von uns, Weltenbummler und Gourmets erster Güte. Er berichtete, dass die beiden kurzfristig einen Trip nach Heraklion geplant haben und sich für den nächsten Tag zum Kaffee bei uns einladen wollten, damit wir ihnen einige Ratschläge geben können.
Am nächsten Tag Punkt 15:00 Uhr kamen die beiden, mit Käsesahnetorte und Marmorkuchen bepackt. Sie berichteten, dass sie schon diverse Reiseführer gekauft hätten, würden jedoch von uns

wissen wollen, was man in Heraklion während eines 4-tägigen Aufenthalts unternehmen kann. Hier sollte ich erwähnen, dass Dietmar und Elke zu meiner Frau und mir nicht unterschiedlicher sein könnten. Es sind liebe, nette Menschen, aber sonst verbindet uns nicht sehr viel Gemeinsames.

Wie für jede Mutter ihr Kind das Beste, das Tollste und das Schönste ist, so ist für meine Frau und mich Heraklion die Stadt auf Kreta, die uns am Herzen liegt. Wenn viele Heraklion als hässlich bezeichnen, können wir nur schmunzeln, weil erstens die Schönheit im Auge des Betrachters liegt und wir zweitens schon so viel Schönes in Heraklion erkundet haben.

Somit versuchten wir, den beiden Schwerpunkte zu vermitteln, die absolut subjektiv sind. Wir dachten zunächst an Knossos, deren älteste Siedlungsspuren aus dem 4. Jahrtausend v. Chr. stammen. Einwanderer, vielleicht aus Kleinasien, kamen im frühen 3. Jahrtausend v. Chr. nach Kreta. Am Ende des 3. Jahrtausends v. Chr. entwickelten sich kleinere Königreiche auf der Insel. Der Palast stammt ungefähr von 2100 v. Chr. Wie fast alle Paläste Kretas wurde Knossos zwischen 1750 und 1700 v. Chr. durch ein schweres Erdbeben zerstört, jedoch bald wieder aufgebaut.

Nach dem von Homer überlieferten Mythos herrschte im 16. Jahrhundert v. Chr. der sagenhafte König Minos über Knossos. Gott Poseidon schenkte Minos einen herrlichen weißen Stier, den er Zeus opfern sollte. Doch Minos gefiel der Stier so gut, dass er ihn zu seiner Herde treiben und an seiner Stelle einen anderen Stier opfern ließ. Zur Strafe für dieses Vergehen entfachte Zeus in Pasiphaë eine Begierde nach dem Tier. Pasiphaë ließ sich vom königlichen Baumeister Daidalos eine hohle Holzkuh anfertigen, die mit Kuhhaut überzogen war. Daidalos brachte die hölzerne Kuh zur Herde, woraufhin die darin versteckte Pasiphaë mit dem göttlichen Stier, dem

Stiermenschen Minotauros, ein menschenfressendes Ungeheuer zeugte und gebar. Elke kannte diese Geschichte nicht, notierte sich jedoch Knossos. Da wir absolute Fans von Nikos Katzantzakis sind, legten wir den beiden nah, unbedingt die Festungsmauer zu besuchen, die über drei Kilometer lang die Stadt umschloss. Sieben Festungswerke und vier Tore sind integriert. Auf der Martinengo-Bastion liegt das Grab des berühmten Dichters. Das Tor Bethlehem ist auch gleichzeitig das Sommerkino der Stadt. Beim Tor „Oasis" ist das Gartentheater Katzantzakis mit fast 1200 Sitzplätzen und am Tor „Pantokratoras" ist ein kleineres Theater beheimatet. Die Stadtmauer, ein geniales Werk, hielt über zwanzig Jahre dem Ansturm der osmanischen Truppen stand.
Elke notierte dieses auch und meinte, sie hätte schon mal was von Katzantzakis gelesen. Ich nahm es zur Kenntnis und bin überzeugt, dass sie vielleicht mal irgendein Buch schon in die Hand gehalten hatte, aber lesen... nein, ich will Elke nicht schlecht machen, sie hat vielleicht nicht viel gelesen, aber das mit der Holzkuh und dem Stiermenschen hat sie fehlerfrei aufgeschrieben.
Wenn man die Innenstadt Heraklions besucht, stößt man unausweichlich auf den Morosini- Brunnen. Im Volksmund nennt man ihn den „Löwenbrunnen". Diesen Brunnen stiftete der damalige venezianische Gouverneur im Jahre 1628. Früher stellte der Brunnen die Wasserversorgung der Stadt sicher. Über 15 Kilometer war die Wasserleitung vom Berg Jouchtas hinunter in die Innenstadt. Eine Poseidon-Figur krönte früher den Brunnen, diese wurde jedoch von den türkischen Besetzern zerstört. Wenn man anschließend durch die Marktgasse schlendert, findet man nicht nur Kitsch „Made in China" sondern auch Geschäfte wie zum Beispiel die Bäckerei „Touli" aus dem Jahre 1865. Elke wollte ein Witz machen und meinte, ob es da auch frische Brezel gäbe oder nur „altes Zeug" da jedoch keiner lachte, fragte sie, was man sonst noch erleben könnte.

Meine Frau meinte, sie hätte auch einige Tipps, was Museen anbelangt, aber Elke sagte, dass sie genug Anregungen für Sehenswürdigkeiten hätte und wir sollten doch sagen wo es was Leckeres zum „schnabulieren" gäbe. Wir berichteten, wo wir gerne einkehren und Elke versprach, alles auszuprobieren. Als ich später Kostas anrief, fragte er nach, ob sie nicht doch eine Griechin wäre, wenn die Gedanken immer nur ums Essen kreisen. Lieber Gott wir haben doch nur ein Leben, danke dass ich es als Grieche leben darf.

Rezept: Kokkinisto

Zutaten:
1 kg Gulasch(Rind)
etwas Olivenöl
1 große feingehackte Zwiebel
1 zerdrückte Knoblauchzehe
2 Dosen Tomaten
Salz, Pfeffer, 3 Lorbeerblätter, 2 Gewürznelken, etwas Zimt, etwas Rotwein, etwas Wasser
Zubereitung:
Zunächst das Fleisch in etwas Öl scharf anbraten und aus der Pfanne nehmen. Die Zwiebeln und den Knoblauch im Bratensatz andünsten. Dosentomaten und das Fleisch hinzufügen. Wenn notwendig, die Sauce mit etwas Wasser bedecken. Mit Gewürzen abschmecken und für mindestens 1,5 Stunden bei niedriger Hitze schmoren lassen, bis das Rindergulasch zart ist.
Gelegentliches Umrühren und gegebenenfalls erneut etwas Wasser hinzufügen, damit das Essen nicht anbrennt. Vor dem Servieren die Lorbeerblätter und die Nelken entfernen. Nudeln kochen und zusammen mit der Gulasch-Tomatensauce servieren.

Wartezeit

Popi und Jiannis sind Mitte sechzig, haben ihr ganzes Leben lang gearbeitet. Er als Elektriker und sie als Köchin. Drei Söhne haben die beiden großgezogen und leben jetzt in ihrer Dreizimmerwohnung in Heraklion. Jiannis musste vor zehn Jahren seinen Job aus gesundheitlichen Gründen aufgeben und bekam die ersten sechs Monate Arbeitslosengeld, die letzten dreizehn Jahre nichts. Die Rente, die er vor drei Monaten beantragt hat, wird nach einer Wartezeit von 18 Monaten irgendwann mal kommen. Popi, die durch eine Krebserkrankung gezwungen war, ebenfalls ihre Arbeit aufzugeben, hat eine Erwerbsminderungsrente beantragt, da sie zu 80% arbeitsunfähig geschrieben worden ist. Hier hat sie nach circa 12 Monate Wartezeit einen Anspruch auf 316 Euro im Monat.
Wir haben die beiden vor mehreren Jahren kennen gelernt und nachdem wir uns lange erfolgreich um eine Einladung gedrückt hatten, mussten wir irgendwann die beiden doch besuchen. Im Vorfeld sagten wir jedoch, dass wir wenig Zeit hätten und zu einem schnellen Kaffee vorbei kommen, um die beide von unnötigen Ausgaben abzuhalten. Derjenige, der jedoch die griechische Gastfreundschaft kennt weiß, dass die Gastgeber alles was möglich ist auftischen. Neben Frikadellen und Kartoffeln im Backofen gab es Lammkotelett, Reis und diverse Salate. Kein Geld, aber der Gast ist heilig.
Wir unterhielten uns über unsere Aktivitäten bei der Kretahilfe und so erfuhren wir, das sagte uns Popi mit erstickter Stimme, dass sie zur Sozialstelle der Kirche gegangen ist, um die Berechtigung zu holen, dass sie beim „koinonikon pantopolion" Lebensmittel erhalten könne. Diese Einrichtung die durch Spenden aufrecht gehalten wird, ermöglicht Familien die wenig oder nichts haben, einige Lebensmittel

kostenlos zu bekommen. Popi kann dann in exakt 24 Tagen hin gehen. So groß ist die Warteliste bzw. so gering sind die Vorräte. Wartezeit ist das momentan gängigste Wort in Griechenland. Der Hunger kennt jedoch keine Wartezeit!
Kostas meinte später. Lieber Gott wir haben doch nur ein Leben, danke dass ich es als Grieche leben darf und fügte nachdenklich hinzu: Wartezeit ist für die Menschen, der Tod kennt keine.

Konzertsommer 2016

Da wir bekanntlich die griechische Musikszene sehr schätzen, versuchen wir in der Zeit, die wir in Griechenland verbringen, so viele Konzerte wie nur möglich zu besuchen. Jedes Konzert hat sein eigenes Flair und jedes seinen eigenen Reiz. Das erste Konzert das wir im Sommer 2016 besuchten, fand auf der Fortezza in Rethimno statt.
Im 16. Jahrhundert wurde diese Festung durch die Venezianer errichtet. Bis 1960 wurden Teile von der Fortezza als Gefängnis benutzt. Kenner von Burgen und mittelalterlichen Bauten nennen die Fortezza ein irregulärer Festungsbau, da die Bastionen nicht vollständig ausgebildet waren. Ich sage es ganz ehrlich, mir wäre es nicht aufgefallen, sogar piepschnurzegal gewesen, wenn ich es nicht zufällig gelesen hätte.
Wir hatten das Glück, Laurentis Maheritsas und Giannis Kotsiras in Athen Anfang des Jahres zu erleben und die beiden noch einmal vor dieser Kulisse, atemberaubend! Bemerkenswert, da zum allerersten Mal, begann das Konzert pünktlich auf die Minute genau. Wir sind es gewohnt, dass

Konzerte mit dreißig bis sechzig Minuten Verspätung beginnen.
Jetzt muss ich noch von meinem Sitznachbarn erzählen. Es war ein Exil-Niederländer, der mit einem Komboloi bewaffnet das ganze Konzert im oder auch gegen den Takt dirigiert hat. Die Tatsache, dass er mir drei bis siebzehn Mal auf die Schulter klopfte, ist als rein zufällig zu bewerten. Wie gesagt, exakt 21:30 Uhr begann die Show und endete um 0:15 Uhr ohne Pause. Jede Minute voller Emotionen und musikalischer Glücksgefühle. Eine magische Musiknacht.
Kostas meinte später. Lieber Gott wir haben doch nur ein Leben, danke dass ich es als Grieche leben darf. Dann sang er eines der bekanntesten Lieder von Maheritsas:

Der Süden (O notos)
Musik: Laurentis Maheritsas
Text : Isaak Sousis

Dort im Süden
wo der Tod nur Lärm bewirkt und die Liebe einen Knall erzeugt
habe ich wie ein leerer Stuhl die Jahre bereist,
um mir einen passenden Körper zu suchen.
Dort bei den Lichtern
Habe ich die ersten Anzeichen der Nacht gefunden
Zigaretten und Anteilnahme waren längst Fremdwörter
Du jedoch hast mir mit einem Kuss Rauch eingeflößt.

Welche Stadt, welches Land
welches Meer ermöglicht Dir das Reisen?
Du schweigst und erinnerst Dich
Und im Schlaf lachst Du, wie wenn Du angetrunken wärst
Welche Stadt, welches Land
welches Meer ermöglicht Dir das Reisen?

Dort im Süden,
wurde ich zum Liebeslos in einer Lotterie
und wie eine Eidechse, die sich im Schatten einrollt
war ich eine verlorene Münze in der Tiefe.
Bleiche Laternen, entzündete Armut
säugte Dich mit Eifersucht
Du stöhntest „ich liebe Dich"
wie ein Neugeborenes im Kinderbett.

Welche Stadt, welches Land
welches Meer ermöglicht Dir das Reisen?
Du schweigst und erinnerst Dich
Und im Schlaf lachst Du, wie wenn Du angetrunken wärst
Welche Stadt, welches Land
welches Meer ermöglicht Dir das Reisen?

Laurentis Maheritsas

Auf der Fortezza

Arschlochsohn zum x-ten

Tante Filareti, die, knapp 94, sich noch allein versorgen kann, war an einem Dienstag sehr traurig. Neben einigen Neffen und drei Enkelkindern, die sie seit vielen Jahren nicht mehr gesehen hat, hat sie nur noch ihren ältesten Sohn auf dieser Welt. Alle Geschwister, ihr Ehemann und ihr jüngerer Sohn leben nicht mehr. Trotz aller Eskapaden ihres Filius lebt sie nur noch, um ihn zu unterstützen. Ich habe mehrfach schon berichtet, wie er sie mit allerlei Nepper-Schlepper-Bauernfänger- Methoden um die letzten noch übrigen Euros prellt.

Dieses Mal kam ihm eine Autopanne zu Hilfe. Das Auto blieb mitten in der Fußgängerzone stehen. So musste es abgeschleppt werden. Filareti, die alle sechs bis acht Wochen mit im Auto sitzt, musste mit dem Taxi nach Hause. Diese Aktion kostete 74,00 Euro und so blieben Tante Filareti exakt 8,20 Euro für den Rest des Monats. Michalis, so heißt bekanntlich unser Held, dessen aktuelle Tätigkeit der Vertrieb von Bratwürsten einer Wurstfabrik vom Festland ist, braucht jedoch ein Auto. Aber zwischen Realität und Wunschdenken ist meistens eine große Kluft. Er suchte und fand eines, sechzehn Jahre alt, für € 1600. —. Man einigte sich mit dem Noch-Besitzer auf eine Anzahlung von 400 Euro bei Übernahme und dann weitere drei Raten zu 400 Euro in den Folgemonaten. Der Verkauf von Bratwürsten wirft jedoch nur so viel ab, dass man Miete und Strom bezahlen kann, und so ist der Arschlochsohn auf die Rente seiner Mutter angewiesen. Und dann passierte das, was schon viele erwartet hatten, aber niemand daran denken wollte. Tante Filareti wurde krank. Den ganzen Tag musste sie erbrechen und bekam hohes Fieber. Zufällig bekamen wir es mit, wie sie vergeblich versucht hatte, ihren Sohn zu erreichen. Er ging aber nicht ans Telefon. Das sagte ich Eleni, die ihn von ihrem Apparat aus anrief und keine zwei Sekunden später war er dran. Sie ermahnte ihn, sofort zu kommen und einen Krankenwagen anzufordern. Dieser kam und durch das idiotische Parken einiger Superhelden konnte er nicht in unsere Gasse fahren, und so kamen drei Rettungssanitäter mit einem maroden Klappstuhl, setzten Tante Filareti mit ihrem dünnen Nachthemdchen drauf und stolperten davon zur Platia Eleftherias, wo sie geparkt hatten. Tante Filaretis Worte waren: ‚Hoffentlich lebe ich noch so lange bis mein Michalis sein Auto hat.' Ein Krankenwagen holt die Patienten zwar ab, aber er bringt sie nicht wieder nach Hause und so musste Kostas kurz vor Mitternacht in die Klinik, um Tante Filareti abzuholen. Die Untersuchungen zeigten, dass sie zwar geschwächt war, aber gute Blutwerte hatte.

So kam sie nach Hause und legte sich gleich zu Bett. Als wir dann allein waren erhoben wir unser Glas Raki auf das Wohl der 94jährigen Tante. Kostas meinte: Lieber Gott wir haben doch nur ein Leben, danke dass ich es als Grieche leben darf und fügte nachdenklich hinzu: Arschlöcher wie Michalis gibt es doch überall auf der Welt.

Moni Palianis

Rezept: Lamm mit grünen Bohnen

Zutaten:
1 kg Milchlamm (geht auch mit Ziege, Kalb oder Schwein)
1 kg grüne Bohnen
½ Bund Petersilie
1 Tasse Öl
Salz, Pfeffer
600 g Tomaten
1 Zwiebel

Zubereitung:
Das Fleisch in Stücke schneiden, waschen und abtropfen lassen. Das Fleisch im heißen Öl von allen Seiten kräftig anbraten, die kleingeschnittene Zwiebel mit anschwitzen ist.
Die gehackten Tomaten, Salz und Pfeffer hinzugeben und im geschlossenen Topf bei niedriger Temperatur für kurze Zeit köcheln lassen.
Etwas heißes Wasser zugeben und das Fleisch halbga kochen lassen. Anschließend die gewaschenen und geschnippelten Bohnen dazugeben, falls nötig noch etwas heißes Wasser.
Am Schluss kurz vor dem Servieren gehackte Petersilie drüberstreuen.

Evangelia aus Mochos

Mochos ist ein Dorf oberhalb von Stalis. Schon die Fahrt dahin über die Serpentinen gibt eine herrliche Aussicht frei. Wir hatten früher schon Mochos besucht, aber niemals an einem Mittwoch. In den Sommermonaten wird jeden Mittwoch auf dem Dorfplatz ein Tanzfest organisiert. Dort, umrahmt von Platanen und Tavernen, tanzt die Jugend des Dorfes und es versteht sich, dass der „gemeine" Tourist ebenfalls im Klang der Lyra sein Tanzbein schwingen soll. Irgendwann, was macht man nicht alles für den Ehefrieden, musste ich dem Wunsch meiner Frau nachgeben und wir fuhren Mittwoch abends nach Mochos. Zunächst jedoch möchte ich klipp und klar betonen, dass sich dieser Ausflug gelohnt hat. Eine wunderschöne Kulisse, leckeres Essen und eine freundliche und ausgelassene Stimmung. Ein junges Mädchen aus der Tanzgruppe, die sich mal in unsere Nähe verirrt hatte, forderte mich zum Tanz. Die blitzschnelle Ausrede, meine Beine würden schmerzen, rettete mich, hier den Tanzbären zu spielen.

Jedes Fest geht jedoch einmal zu Ende und wir machten uns auf den Weg, um zu unserem Auto zu kommen, das wir hinter der Kirche des heiligen Georg geparkt hatten. Durch die engen Gassen schlenderten Kinder und Erwachsene und wir überholten eine ältere Frau, kaum 1,50 m hoch. Wir wünschten einen guten Abend und gingen weiter, aber diese Dame rief uns nach: „Seid ihr Ausländer oder Einheimische?" Meine Frau sagte, sie sei Deutsche, aber ich sei gebürtiger Grieche. „Oh, Deutsche, " sagte die alte Frau und legte los. Sie sprach halb griechisch, halb deutsch. „Ich war acht Jahre Deutschland. Oh gute Arbeit. Alle lieben Evangelia. Evangelia arbeiten Samstag und Sonntag und Überstunden. Evangelia kann arbeiten in 17 Maschinen. Ganze Halle kennen Evangelia. Aber dann sind meine Eltern krank geworden und ich musste zurück. Die Leute schenkten Evangelia einen Koffer zum Abschied. Alle sagen Evangelia kommen wieder. Ja Evangelia war gut. Einmal kam Herr Müller, Herr Müller war Meister und Herr Vogel. Herr Vogel war Chef. Wenn 15 kamen dann immer Herr Vogel mit Geld kommen und geben Evangelia. Er sagte immer: Evangelia Du bekommst 1500 DM. Ich nur 850 DM. Und Evangelia sagen. Ja Herr Vogel, ich arbeiten, Du aber nur Chef und laufen den

ganzen Tag spazieren. Klar bekommen Evangelia mehr."
Es war herrlich, ihr bei diesem Kauderwelsch zuzuhören. Sie verabschiedete sich, indem sie uns ermahnte, jedes Mal wenn wir in ein Auto ein- oder aussteigen uns zu bekreuzigen und zu beten.
Sie fragte noch: „Kennen Sie Herrn Vogel aus Deutschland?" Wir verneinten und sie war sichtlich traurig, sie hätte uns gerne eine Flasche Olivenöl für ihn mitgegeben. „Dann bekommt ihr eine Flasche", sagte sie und ermahnte uns zu warten. Sie ging in ihr Haus, um mit einer Flasche Olivenöl und einigen frischen Feigen zurück zukommen. Sie überreichte uns ihre Gaben, segnete uns und meinte, wir sollen sehr vorsichtig zurück nach Heraklion fahren. Auf der Heimfahrt war Frau Evangelia das Thema und Kostas meinte: Lieber Gott wir haben doch nur ein Leben, danke dass ich es als Grieche leben darf.

Tante Filareti und das Antibiotikum

Vor zwei Tagen kam Tante Filareti nachts nach Untersuchungen aus dem Krankenhaus und der Arzt verschrieb ihr ein Antibiotikum. Das erfuhren wir erst 2 Tage später. Ihr Arschlochsohn hatte gesagt, sie würde so etwas nicht brauchen und entsorgte das Rezept. Wir fanden es im Müll und als wir fragten: „Tante, warum nimmst Du nicht Deine Medikamente?" meinte sie, dass die zehn- Tage-Packung des Antibiotikums 16,82€ kosten würde und sie das Geld nicht hätte.
Am selben Tag kurz vor 14:00 Uhr ging ich zur Apotheke, die donnerstags bekanntlich um 14:00 Uhr schließt. Neben den zwei Apothekerinnen Frau Katerina und Frau Margarita (Mutter und Tochter)

waren auch Sohn Dimitrios, sein Kumpel Georg und die Apothekenhelferin Katerina hinter der Theke. Letztere wird lediglich Katina gerufen, damit es durch die Namensgleichheit nicht zu Verwechslungen kommt. Der kleine, kaum 20qm große Raum war allein durch das Personal gut gefüllt. Neben mir waren jedoch weitere fünf Personen im Raum und ich stellte mich hinten an. Frau Katerina erkannte mich und fragte nach meinem Wunsch. Ich zeigte vorsichtig auf die Herrschaften vor mir und sie lächelte. „Das ist Jiannis, Margaritas Schwager mit seinem Sohn Antonis und der Tochter Penelope. Das ist Anna, unsere Nachbarin vom Dorf mit ihrem Mann Stelios." Ich nickte den Leuten freundlich zu. In diesem Moment ertönte eine Stimme neben mir. Ein älterer Herr kam und rief: „ Was ist jetzt los, trinken wir den Donnerstagskaffee oder nicht." Alle nickten stumm, sicherlich war es ein Zeichen. Wenn jemand zum Kaffee eingeladen wird, dann sind automatisch alle davon betroffen. Katina gab mir das Restgeld für das Antibiotikum und meinte: „Sie kommen doch sicherlich mit." Meine Ausrede wurde nicht akzeptiert, dass die Tante das Medikament dringend benötigt. Margarita meinte noch, die Tante solle morgens und abends je eine Tablette nehmen. Aber da jetzt Mittag wäre, hätte ich ja sicherlich Zeit. Frau Katerina hat sich inzwischen bei mir eingehängt und wir machten uns auf dem Weg zum Kafenion.
Ich erreichte meine Frau telefonisch nicht, nur Kosta, der meinte: Lieber Gott wir haben doch nur ein Leben, danke dass ich es als Grieche leben darf, und er fuhr fort: „Wo seid Ihr? Gut, ich nehme Helga mit und wir sind bald bei Euch.

Agios Myron

Matala im Wandel der Zeit

Matala ohne Nonnen

Es ist nicht so, dass meine Frau und ich immer gleich ticken. Nehmen wir mal das Thema Ausflüge. Meine Frau denkt sich eine grobe Richtung aus und wenn auf dem Weg etwas Interessantes ist, wird angehalten und besichtigt. Ich dagegen brauche einen fixen Punkt. Aktuell das Beispiel vom letzten Samstag. Ich sagte Matala und so fuhren wir auf dem geradesten Weg dorthin. Unser Kompromiss war, dass wir auf der Hinfahrt ohne Stop hinfahren, die Rückfahrt jedoch individuell gestalten.
Als wir vor drei Jahren das letzte Mal in Matala waren, hatten wir auf dem Weg zwei spanische Nonnen aufgesammelt. Sie hatten ihren Bus verpasst und wir nahmen sie mit nach Matala, damit sie von dort aus ihre Reise fortsetzen konnten. Da mein spanisch bis auf FC Barcelona, Real Madrid und Julio Iglesias beschränkt ist, war es eher eine sehr stumme Fahrt. Das ganze kam mir damals auch etwas spanisch vor. Die zwei Nonnen, ob es tatsächlich welche waren, weiß ich immer noch nicht, waren so attraktiv und ihr Gang so weltoffen, dass ich dazu neige, eher still zu denken, dass sie bei einem Film Komparsen waren und eine günstige Mitfahrgelegenheit suchten.

Punkt 12:00 Uhr mittags in Matala angekommen, empfing uns eine Wahnsinnshitze. Die eiskalte Limo in einem Strandcafe half uns, etwas klarer zu denken.
Wir besichtigten kurz den Ortskern mit den bemalten Straßen und machten uns auf den Weg zum kleinen Dorf Pitsidia. In einer kleinen Taverne kehrten wir ein. Außer uns war noch ein italienisches Ehepaar anwesend. Frau Sabia, die Chefin, brachte uns die Speisekarte und war erleichtert, dass wir griechisch mit ihr sprachen. Kurze Zeit später kam Stelios, ihr Sohn und übernahm die Rolle des Alleinunterhalters. Während meine Frau wie üblich diverse Vorspeisen

als Hauptgang bestellte, orderte ich Lammkoteletts. Da begann die „Show" von Stelios. Er berichtete, was gerade im Dorf alles abgeht. Der alte Mitsos ist gestorben und am nächsten Tag findet die Hochzeit von Anna und seinem Cousin Michalis statt. Sie sei mit Abstand das hässlichste Mädchen im Dorf, aber schließlich hätte ihr Vater viele Olivenbäume und das würde sie sehr attraktiv machen. Er berichtete von seinen Träumen, in der Lotterie zu gewinnen und eine Weltreise zu machen und vielleicht mit seinen vierunddreißig Jahren doch noch eine Frau zu finden. Auf meine Frage, wohin die Weltreise führen sollte, meinte er, er wolle nach Athen und Thessaloniki und nach Barcelona, dort wo Messi spielt. „Muss irgendwo bei Spanien sein", sagte er und erinnerte mich an die zwei Nonnen aus Spanien. Kostas meinte: Lieber Gott wir haben doch nur ein Leben, danke dass ich es als Grieche leben darf und fuhr fort: Hay que ver cómo te portas , con amor o sin amor Lo que digo no te importa
con amor o sin amor

Rezept: Chirino me prasa

Schweinefleisch mit Lauch

Zutaten:
1 ½ kg Schweinefleisch ohne Knochen
1 ½ kg grob geschnittenen Lauch
½ Wasserglas Olivenöl
500 g geriebene Tomaten
Salz, Pfeffer
1 Bund Sellerie

Zubereitung:
Öl im Topf erhitzen und das in mittelgroße Stücke geschnittene Schweinefleisch dazugeben. Kurz anbraten, dann 1-2 Gläser Wasser dazugeben. Das Fleisch ½ Std. garen lassen. Dann Lauch, Tomaten, Sellerie, Salz und Pfeffer dazugeben, evtl. noch etwas Wasser. Bei geringer Hitze weitergaren, bis das Fleisch durch und die Soße eingedickt ist.

Rezept: Psari glossa sto fourno me Bamies

Seezunge im Backofen mit Okra

Zutaten:
1 ½ kg Seezunge
1 kg Okra
2 gehackte Zwiebeln
2 Knoblauchzehen kleingehackt
1 Wasserglas Olivenöl
½ Bund gehackte Petersilie
1-2 klein gehackte Tomaten
Salz, Pfeffer

Zubereitung:

Fisch gut waschen und salzen, 1 Std in den Kühlschrank stellen. In der Zwischenzeit Okra putzen und schneiden, mit Zwiebeln, Knoblauch, Tomaten, Petersilie und Öl mischen und auf ein Tapsi (Backblech) legen. Auf die Masse kommt der Fisch und etwas Wasser. Etwas Pfeffer drüberstreuen, ca. 1 Std. in den Backofen.

Rezept: Halva

Zutaten:
2 Tassen groben Grieß
1 Tasse Öl
½ Tasse Rosinen oder Pinienkerne oder Haselnüsse

Für den Sirup:
Geriebene Schale von 1 Zitrone
1 Zimtstange
3-4 Nelken
2 Tassen Zucker
4 Tassen Wasser

Zubereitung:
Wer sich für Nüsse entscheidet, muss diese zunächst in einer Pfanne ohne Fett rösten.
Für den Sirup den Zucker mit dem Wasser, der Zitronenschale, der Zimtstange und den Nelken 4 Minuten kochen lassen.
In einem anderen Topf das Öl geben und sobald es heiß ist, den Gries unter ständigem Umrühren einrieseln lassen, bis er Farbe annimmt (nach ca. 5-8 Min.).
Den Topf vom Feuer nehmen. Den Sirup durchsieben und den Gries, die Rosinen und den Sirup gut vermischen und wieder auf die Herdplatte stellen. Aufkochen lassen und sobald es halbfest wird herunternehmen und mit einem Tuch abdecken. Die Grießmasse in eine Form schichten. Wenn sie abgekühlt ist, die Form abheben und die Oberfläche mit Zimt bestreuen.

Niederländisch auf dem Balkon

Bekanntlich mag ich den Fußballspieler Arjen Robben nicht. Er ist ein begnadeter Fußballspieler, aber durch sein theatralisches Benehmen, bei jedem Windhauch auf dem Boden zu liegen, ist er für mich einer dieser Fußballer, die ich gar nicht brauchen kann.
Das hat jedoch mit der folgenden Geschichte nicht viel gemein. Bei uns in Heraklion, gegenüber unserer Wohnung, sind Apartments, die im Sommer auch an ausländische Gäste vermietet werden. Im Juli diesen Jahres war eines dieser Appartements lediglich mit einer jungen Niederländerin bewohnt, die den ganzen Tag nichts anderes tat, als auf dem Balkon zu sitzen, zu rauchen und per Skype zu telefonieren. Natürlich auf Niederländisch. Morgens um 8:00 Uhr, als wir aufstanden, telefonierte sie, mittags um 14:00 Uhr telefonierte sie, als wir unsere Mittagspause begannen und um 17:00 Uhr, als wir die Mittagspause beendeten, telefonierte sie weiterhin. Kamen wir um 22:00 Uhr oder Mitternacht oder gar um 2:00 Uhr früh nach Hause, telefonierte sie. Irgendwann begann ich auch zu verstehen und von da an hörte ich viel aufmerksamer zu. Es versteht sich, dass ich hier Intimes nicht weitergebe, nur so viel, dass sie sich vor drei Monaten von ihrem Freund getrennt hat. Dieser hat sie mit einer belgischen Stewardess betrogen. Ihre Katze heißt Pinki und wird gerade von ihrer Mutter betreut. Sie arbeitet seit fünf Jahren in einer Bank in der Nähe von Venlo. Ihr Lieblingsfilm ist Bridget Jones und sie freut sich schon so sehr auf die Fortsetzung, die in knapp einem Monat anlaufen wird. Sie mag kretischen Honig sehr, so sehr, dass sie sogar auf den Fetakäse Honig tröpfelt. Sie hat sich vor zwei Jahren einen BMW Cabrio gekauft und will dieses nach ihrer Rückkehr verkaufen, da es ein Benzinschlucker sei. Dass sie Unterwäsche aus bei einem badischen Versandhaus bestellt hat, will ich

nicht näher erläutern, genau so wenig, wie sie sich mit dem Gedanken befasst, einen Tag vor ihrer Abreise doch die Einladung zu einem Diskobesuch von Jiannis, dem Kellner von der in der Nähe befindlichen Taverne anzunehmen.
Da sage einer, die Urlaubsreise wäre nur ein Erholungsurlaub. Für mich war es diesmal ein Bildungsurlaub und so konnten Kosta und ich, der auch öfters das eine oder andere Gespräch mit anhören musste, unser Niederländisch massiv verbessern. Kostas meinte: Lieber Gott wir haben doch nur ein Leben, danke dass ich es als Grieche leben darf.

Rezept: Bougatsa

Zutaten:
1 l Milch
Zitronenschale gerieben
1 Vanilleschote
4 Eier
200 g Zucker
600 g Blätterteig
50 g weiche Butter
Zimt
50 g Puderzucker
1 Prise Salz
200 g Weizengrieß

Zubereitung:
Für die Grießfüllung Vanilleschote halbieren und das Mark auskratzen. Milch mit der Prise Salz, Vanillemark, Zucker und geriebener Zitronenschale zum Kochenbringen. Grieß einrühren und quellen lassen. Etwas abkühlen lassen und dann die Eier

vorsichtig unter den Grießbrei rühren, bis die Eier binden. Grießbrei kalt werden lassen, dabei immer wieder umrühren.
Backblech einfetten und mit der Hälfte des Blätterteils auslegen. Grießfüllung darauf verteilen. Den restl. Blätterteil darüber legen, kleine Rechtecke mit einem Messer einritzen. Mit der weichen Butter bepinseln.
Bei 180 Grad ca. 30 min backen, bis der Blätterteig goldbraun ist.
Mit Puderzucker und Zimt bestreuen und noch warm servieren.

Rezept: Loukoumades

Zutaten:
500 g Mehl
25 g Hefe
1 ½ l Öl zum Frittieren
½ TL Salz
Etas Honig
Etwas Zimt
Einige fein gehackte Walnüsse
Etwas Zucker

Zubereitung:
Hefe in 100 ml lauwarmem Wasser auflösen.
Mehl, Salz und Zucker mischen und in eine weite Schüssel geben. Die aufgelöste Hefe darüber geben, nach und nach soviel lauwarmes Wasser einkneten, bis ein fester Hefeteig entsteht, der sich problemlos vom Schüsselrand lösen lässt.
Den Teig abdecken und und an einem warmen Ort 1 ½ Stunden gehen lassen, bis er Blasen bildet.
Dann noch einmal kurz durchkneten.

Das Öl in einem Topf erhitzen. Mit einem Esslöffel Bällchen vom Teig abnehmen und im heißen Fett frittieren. Wenn sie leicht braun sind, mit einem Schaumlöffel herausnehmen, kurz abtropfen lassen und noch warm mit Honig übergießen und mit Zimt und gehackten Nüssen bestreut warm servieren. Alternativ kann man auch Sesam drübergeben oder Schokoladensosse.

Helga Papadakis, waschechte Badenerin, ist in der Nähe von Bruchsal zur Welt gekommen. Nach ihrer Ausbildung zur Krankenschwester und einigen Berufsjahren wechselte sie nach ihrem Studium der Betriebswirtschaft in den Verwaltungsbereich in verschiedenen Krankenhäusern. Seit zwei Jahren ist sie als Leitung im Medizincontrolling tätig. Griechenland und vor allem Kreta liegen ihr seid sie ein junges Mädchen war im Blut und so hat sie bisher unzählige Male „ihre" Insel besucht, wo sie gemeinsam mit Niko inzwischen ihren Zweitwohnsitz hat. In der Freizeit sieht man sie kaum ohne ihre Kamera.

Niko Papadakis ist im Norden Griechenlands geboren und lebt seit seinem siebten Lebensjahr in Deutschland. Alle vier Großeltern haben kretische Wurzeln und je älter er wird (das hört er nicht so gern), desto öfter bereist er mit seiner Frau Helga die Insel. Sein Beruf ist technischer Kaufmann im Maschinenbau. Seine große Liebe (außer natürlich Frau und die drei Kinder) ist es, seine Gedanken und Vorstellungen niederzuschreiben. Zwölf Gedichtbände bzw. Kurzgeschichtenbände sind inzwischen veröffentlicht.